Women's Poetry in France, 1965–1995

A Bilingual Anthology

Contemporary French Poetry in Translation
Series Editor, Germaine Brée

Philippe Jaccottet: Selected Poems
Translated by Derek Mahon

Pierre Reverdy: Selected Poems
Selected by Mary Ann Caws
Translated by John Ashbery, Mary Ann Caws, and Patricia Terry

Jacques Dupin: Selected Poems
Selected by Paul Auster
Translated by Paul Auster, Stephen Romer, and David Shapiro

Francis Ponge: Selected Poems
Edited by Margaret Guiton
Translated by Margaret Guiton, John Montague, and C.K. Williams

Edge
By Claire Malroux
Translated by Marilyn Hacker

Women's

A Bilingual Anthology

Poetry in

Selected and translated

France,

by Michael Bishop

1965-1995

Wake Forest University Press

WAKE FOREST UNIVERSITY PRESS

This book is for sale only in North America

Copyright © 1997, Wake Forest University Press

Translations copyright © Michael Bishop 1997

Introduction and notes © Michael Bishop 1997

First U.S. Edition published 1997

All rights reserved.

For permission, required to reprint or broadcast

more than several lines, write to:

Wake Forest University Press

Post Office Box 7333 Winston-Salem, NC 27109

The editors are grateful to

Marilyn Hacker and Eileen Cahill for editorial assistance.

Designed by Richard Hendel.

Set in Minion and Meta types by

Keystone Typesetting, Inc.

Printed by Thomson-Shore

Library of Congress Catalogue Card No. 97-60922

ISBN 0-916390-79-9

Second printing 2003

This book is published with the gracious support of

the French Ministry of Culture

Contents

Céline Zins

Introduction

Twenty-Eight Linked Differences

She who disturbs mirrors
  —Andrée Chedid

Joy is now this: 'I invent you'
  —Jacqueline Risset

Transform indictment / into polyphony
  —Esther Tellermann

The poetry gathered here represents a wide range of contemporary perceptual and poetic modes. What precisely *is* represented through the twenty-eight feminine voices at play should, however, be understood to be open and fluid in at least four crucial ways: 1. all but three are the voices of living poets whose accomplishments are thus necessarily unfolding and unfinished; 2. like all creative endeavor, that offered here reveals shifts of perception and concentration, so that by leaping paradox or contemplative extension individual representation constantly fragments, multiplies, and proliferates; 3. the selections offered can only be selections, chosen to convey the urgency, the beauty, the originality of poetry by particular women writers; 4. the reader's involvement, appreciation, and thus rereading will bring new fluidity and further openness to the poems.

With these preliminary thoughts behind us, a number of larger questions may immediately spring to the reader's mind: why women *only*? why *these* women in particular? what relationships, if any, exist among them? how might one place them in the *larger* French poetic tradition? are the features and concerns of their work as it were exclusive to this tradition or might they be seen as pertinent to *other* literary cultures? and so on. The rest of this introduction to *Women's Poetry in France, 1965–1995* will seek to satisfy such curiosity. In the first part, I should like to indicate briefly the personal roots of this book, along with my intentions in producing it. Second, I shall situate the work of the poets of this anthology, both with respect to the broad contemporary scene and historically. Here, it may help to suggest some of the intertextuality that the anthology permits and fosters. Lastly, I shall return to specific lines and passages to evoke some of the differences, of consciousness and mode, of tone and purpose, that characterize individual selections but give to the global theater of contemporary French women's poetry a vastness and spaciousness.

I

Over the twelve years in which I researched and wrote *Contemporary French Women Poets* (Amsterdam, Atlanta: Rodopi, 1995), and then prepared this anthology, I have had the pleasure of writing about many women poets, some of whom are not in my study or my anthology. To all these poets, I owe a very great deal, not just ideationally, epistemologically, and psychologically, but also materially and morally: books, manuscripts, clarifications, encouragement, friendship. Constructing this anthology and preparing its translations, while a great pleasure in itself, allows me to thank the poets very warmly and repay something of what I owe them. My principal intention, then, was and is to make accessible to a larger Francophile and even Francophone audience a sampling of work still today barely available except in specialized libraries, and then only in scattered fashion. Women simply have been, and still are, very significantly excluded from the modern poetic canon. Through this anthology, this canon may be opened up, not so that an alternative canon may prevail, but so that equal access may be at last feasible and an appreciation of equally fine poetry may be thereby encouraged among students of French or comparative literature, women's writing or poetry at large, and this, whether within or well beyond universities.

The number of poets regrettably omitted here—due to lack of space and/or relative chronological considerations—would come close to equalling the twenty-eight selections made: Yvonne Caroutch, Claudine Chonez, Pierrette Sartin, Véra Feyder, Gabrielle Althen, Angèle Vannier, Nicole Drano-Stamberg, Lina Lachgar, Colette Nys-Mazure, Françoise Lison-Leroy, and so on, spanning five or six generations. This selection gives preference to published work of the past thirty years, but it ignores perceived or actual literary, political, or theoretical "schools" or groups. I hope the present book will permit and promote readers' entry into the vast and happily disparate body of splendid available work.

I I

The roots of modern French women's poetry plunge into the work of the early Romantic, Marceline Desbordes-Valmore, admired by contemporaries such as Hugo and Baudelaire, read by the adolescent Rimbaud, and much praised in our own century by poets as divergent in their focus as Breton, Aragon, and Bonnefoy. But France enjoys a tradition of feminine poetic production going back to Marie de France's *lais*, Marguerite de Navarre's songs, poems and allegories, the *Treasure of the City of Ladies* of Christine de Pisan, Pernette du Guillet's *Rhymes of Gentle and Virtuous Woman,* and Louise Labé's powerfully moving sonnets. To read the work of women poets of our day thus may entail a positioning in historic perspective. To read Labé in conjunction with, say, Risset, however, or Christine de Pisan in reciprocal "exchange" with, perhaps, Etienne or Hyvrard, can allow for a casting back and forwards of a light that offers increased revelation, emotion, and even questioning. Inevitably, of course, it is a process that may be extended on through time, traversing, for example, the elegies of Marceline Desbordes-Valmore with their aesthetics-cum-ethics of letting-go, sororal love, and refusal of prestige; Louise Ackermann's anguished social and spiritual doubtings; the haunting struggle with silence, felt powerlessness, and death that marks the poetry of Louisa Siefert; Marie Nizet's beautiful poem of self-esteem, "La Torche," offered as a token of the other's love. . . . And so we may read on into the early and mid-twentieth century. From the poems of Denise Le Dantec or Martine Broda or Claire Laffay to those of Anna de Noailles or Renée Vivien or Catherine Pozzi, we not only recognize that the latter women were read and admired by the poets of the present anthology but also come to understand the immense spiritual and ontological fabric of women's poetry into which their own work writes and weaves itself. To have, then, even a small sense of Marie Noël's *Songs and Hours* encourages a yet larger emotion in reading Marie-Claire Bancquart's poems of tussling with the divine, Heather Dohollau's textual intuitions of hieroglyphic depth, Hélène Cadou's infinite Otherness mediated by the lost yet ever sensed other. And Marie Noël's *Rosary of Joys* can give contrastive nuance and patient pause to our readings, even, of Marie Redonnet's *Dead Man & Co*, Joyce Mansour's fiery deconstructions, Claire Malroux's "most holy slobber." And so on, not dissimilarly, yet so differently, with the First World War pacifist poetry of Léonie Sourd and Henriette Sauret, the surrealist texts of Rahon and Penrose, the ranging lyricism of Louise de Vilmorin, the searing litanies of Claire Goll.

Of course, poets of this anthology draw nourishment from sources other than French women's poetry, sinking roots, for example, into the soil of Lamartine's *Jocelyn*, Baudelaire's *Flowers of Evil*, Mallarmé's *Throw of the Dice*, Rimbaud's *Illuminations*. Cubist aesthetics and the highly variegated poetics of surrealist literature and art have at times visible impacts beyond genre and gender. Roots plunge, too, into the Absurd, from Jarry and Artaud to Camus and Beckett, and the signs of formalist, structuralist and postmodern modes and consciousness may be observed in endless subtle, non-mimetic modulations within the selections to follow. As we would expect, on the more strictly poetic front the modern and even contemporary heritage of Reverdy and Michaux, Ponge and Char, Frénaud and Bonnefoy, Deguy and Jaccóttet, may be sensed, and at times acknowledged.

In trying to situate the poetry of this book, it is important to remember three points. First, as will already be clear, the vast spaciousness of poetic, literary and aesthetic precedence, influence, and feasibility militates against neat equations and convergings. This is true not only because roots constantly develop numerous radicles and offshoots, but also because individual poetic *œuvres* are in a state of continual becoming, and because the non-poetic factors that mold both form and consciousness may equally abound: the Taoist elements in Denise Le Dantec's poetry, for example, social anthropology for Marie Etienne, political economics and history for Jeanne Hyvrard, diverse cultural, philosophical and psychical fascinations for all. Second, modern feminist epistemology and social action account directly or indirectly, in some probably significant degree, for both the general feasibility and the specific originality and diversity of each poet presented here. This does not mean that all twenty-eight women would deem themselves to be 'feminists,' even though their work inevitably, naturally, forms part of what Nicole Trèves has called, rightly, our "contemporary feminisms"—the modes of our contemporary feminine consciousness or being. Nor, of course, does it imply that there is a general assumption of easy feminine feasibility even by those preoccupied with feminist issues: Hyvrard, Etienne, Duras, Grangaud, and others can be eloquent here, without ever losing spirit, vision, or deep resilient energy. Third, all selections for this anthology are made according to criteria of distinctive creativeness, originality, new urgency, and beauty. Roots there may be, but the flowerings are fresh, unique.

Finally, as suggested by the second of the above points, writing poetry as a woman today invariably involves reading the work of other contemporary women poets—not women exclusively, but often many women nevertheless. And I stress this not at all to entrench these poets within a space all of their own, of course. In a present that includes the past, poetico-aesthetic interaction and exchange among women is a major creative mechanism on the contemporary French scene, including the feasibilities of the feminine beyond the poetic: Simone de Beauvoir, Benoîte Groult, Hélène Cixous, Monique Wittig, Luce Irigaray, Chantal Chawaf, and others. Furthermore, we must also recognize transcultural connections or simple affinities—Emily Bronte for Le Dantec, the Italian poetic tradition for Risset, Lebanese and Egyptian culture for Chedid, modern German poetry for Broda, modern English poetic and painterly aesthetics for Dohollau, and so on. The poets of this anthology then join hands, explicitly or discreetly, with many other women poets, novelists, thinkers, and women of all periods and all walks of life, an exchange which this anthology demonstrates.

III

After referring the reader to the introduction and conclusion of my two-volume *Contemporary French Women Poets*, where I address questions of exchange among many of the writers in this anthology,

I should like to focus attention on eight notional "centers," some of which intersect with those earlier observations.

First, all poets tend, either overtly or implicitly, to privilege *experience, the present*, its driving irreplaceableness, its aconceptual urgency, its freshness of option (or challenge), even its peril. This can even lead to pushily ironic declarations such as that of Joyce Mansour in *Winter Jasmine*: "Ancestors should be nipped in the bud," she urges in thrusting us back into the immediacy of sensual and affective involvement, and insisting finally and provocatively upon the emptiness, perhaps less of being, than what we might think of as past being, "for from the beginning / Nothing has been." Others, such as Anne-Marie Albiach, reach the same conclusion and understand the same unrepeatableness of what is traversed, but in more serenely contemplative fashion. "She did not know," she writes in *Anawratha*, "that she would never experience that again."

Related to this, and secondly, these poets anchor the text, not in some dreamy beyond, some vaguely symbolist shimmer—important though vision may be, as we shall see—but rather in what Marie-Claire Bancquart calls the "*journeys of presence in our bodies*." Such journeys of course insert the emotional and cognitive into the corporeal, but above all allow the poet to dwell and move within the immanent, and say, with Jeannine Baude, "I have never taken roads / that lead elsewhere." If transcendence enters into the equations of Borias or Hyvrard, the latter are founded in a mathematics of the here below, of existential ephemeralness and traversed mystery of body and mind.

A third point of frequent cross-pertinence among these poets is the perception and what Janine Mitaud terms the "denouncing" of the existential problem in the mystery of a lived presence. *Denunciation* may take many forms, addressing itself, as with the latter poet in *Poem-Book*, to "the grave, / blood / ... the bubble of dementia;" or, with Claude de Burine in *The Passenger*, to all that presses us into "the cold regions of intelligence / [Where] I do not exist," cut off from love, sensation, quotidian simplicity. For Françoise Hàn, what obsesses is the suspicion that our very anxieties are intrinsically, or simply have become, as she writes in a poem called "Redshift," "part of the movement of the universe." For Marie Etienne, the existential problem lies in our inability to reach the "kernel" of truth, the latter ever turning out to be merely, as she says in *Toll*, "this or that." And surely Marie Redonnet epitomizes both the anguish and the denunciation thereof, when she writes in her strange allegorical manner of "the madman and the dwarf / [who] throw away the keys / to the house of god."

The fourth interweaving centers upon the shared sense that, whatever the problem, the pain or the hesitation, "*the viaticum*," as Heather Dohollau puts it in *Watercolor Pages*, "*remains in the eye*"— the eye, that is, of the self, the poet, the individual. Again, we might say, with Baude, there is no "elsewhere" of resolution. "She who disturbs mirrors," as Andrée Chedid writes, is the woman who redefines representation, who refuses and recreates the old, so often shabbily extant images deforming self and other, subject and object. This (re)assumption of being and the ways of being with it demand new, unique, freshly appropriate(d) modes of seeing, now "clear-seeing," now "dark-seeing," as Céline Zins expresses it in *The Tree and the Wisteria*; but above all, for all transformation / self-transformation, and for all "joy" to be feasible, the way seems generally clear: "Joy is now this," as Jacqueline Risset declares in *Small Elements of Love Physics*: "I invent you."

Thus is it, fifthly, that many new, different but interrelated, perhaps interchangeable, tactics emerge among the women writers at hand. The "*gift*" that Denise Borias refers to in *Leaf Language*— "Distance / burned / by the gift"—may be seen as a gift of new (self-)representation—not definitive, not with a new rigidity, but with the new suppleness of a self rediscovered in experiencing and creating. Giving, too, is a preoccupation of Marie-Claire Bancquart's: "*Lend / to the god / your crumbs of joy*," she urges in *In the Flakings of the Earth*, willing us, even amid, and through, our own fragmentation and imperfection, to help restore a kind of tutelary divineness by drawing upon our own intuitions of the divine, and thus upon the power and infinite feasibility within the seemingly finite self. For Hélène Cadou, sufficient, honorable meaning is "giv[en]" through the sheer interplay of "sign and seizure." Others, such as Claudine Helft, who, in *Metamorphoses of Shadow*, says "she stubbornly wipes time / with a tattered cloth of smiles," reaffirm a minimal yet crucial possible present, before the mis-articulations of the past. "All rottingness," Janine Mitaud can in this way maintain from among the tensions of her *Cruel Poems*, "is the substratum of a consecration." Problem, devastation, apocalypse thus may always constitute a threshold of option. The "fatality" of the wave of the world breaking upon its own harsh shore, that Denise Le Dantec evokes in *Ushant Opuscule*, yields at other times to new-shaped destiny, just as for Claire Laffay, in *Temporals*, "the meanderings of time intersected anew scanned from on high [remain] liminal." The consciousness of feasibility constantly calls forth, in effect, a poetics, an ontics, and an ontology of "virginalness," as Louise Herlin says: the poet becomes less an historian or a chronicler, and lets go, so that, as Herlin continues in *The Birds of Meryon*, "everything can begin again."

The sixth chiasma that emerges from the anthology concerns what, in "Wind," Claire Malroux calls "*the unsatedness / of your voice*," not just consciousness of, and will for, feasibility, but desire. Although unsated, creation cannot stagnate: every poem, as every word, must create anew or become superfluous. The poem is always, as Silvia Baron Supervielle writes in a poem titled "Between Space," "the unfinished echo," linked to past words, but free because unfinished. Even the so-called finished text—and the reader testifies ceaselessly to this—constantly opens up, frees itself from itself, offers what Anne Teyssiéras terms "DEFERRED answers."

As a seventh shared concern, the twenty-eight poetics at hand include the primacy of what Martine Broda calls "*incredible love / as blue as your forgotten gaze*." Not one poet underestimates this primacy either in the realm of raw, primary experience or in that of the text itself. "*The stubborn dream / of a sisterly dawn*," as again Broda puts it in *This Starting Over*, is not a call to separate, to isolate the feminine but, rather, to emblematize a commonly shared desire to proliferate a new feminine epistemology and spirituality for the benefit of all, in their difference and respect for difference.

When Jacqueline Risset speaks in her *Seven Stages in a Woman's Life* of "knowing differences / through the infinite in relationships // and affirmation, imperfect," she suggests the eighth interrelated element of our discussion. What this anthology constantly both displays, as idea-emotion-symbol, and enacts, as form-structure-mode, is the *infinitely* nuanced, differentiated way in which a certain sameness or relatedness may be articulated. Lines and words of poems affirm this infinity, this way in which being's articulation, whether natural or textual, endlessly diverges from itself. If this may be said to entail an element of self-perfecting, it may too be seen as embracing that "imperfection" that Yves Bonnefoy describes as our "summit," our great achievement in the welcoming of the ceaseless rending and reconstitution of being and our saying of it. To welcome the infiniteness of difference is to recognize and affirm the uniqueness of all events, all unfolding, each woman's experience, and each woman's speaking thereof.

These translations are my own, as are the short bio-bibliographical notes at the end of the book. Although the latter offer only minimal biographical information, they do provide a listing of major poetic production, maintaining French titles. I wish the reader new joys and new awareness in the pages to come.

Halifax and Queensland,
Nova Scotia
July, 1996

Women's Poetry in France, 1965–1995

A Bilingual Anthology

Andrée Chedid

Nous allons

Il n'y a pas d'épilogue
Ni de verger intact

Dans les tournois de l'âme
Dans la chair du temps
Nous allons   nous irons
Sans atteindre le seuil

Ni confins
Ni sens inverse
A l'incessant voyage.

Visage premier

We Are Going

There is no epilogue
No immaculate orchard

In the tournaments of the soul
In the flesh of time
We are going   we shall go on
Without reaching the threshold

Neither confines
Nor reversal
In the ceaseless journey.

First Face

Plus loin que tout l'imaginé

L'arbre tenait par ses racines
Mais les cendres asphyxiaient l'écorce
Les branches renonçaient à l'oiseau
Les feuilles se gaspillaient

Alors   j'ai crié
Crié à travers choses

Les déserts   par instants
Reculaient

Je m'attelais au cri

Rêvant échos
Mobilisant étoiles
Taillant passerelles
Creusant galeries

Je me rivais au cri
Ameutant l'eau qui stagne
Raccordant l'astre aux berges
Me liant aux visages
Dressant voûtes et fondement

Alors   la vie
Fit plus loin dans sa réponse
Plus loin que tout l'imaginé

Further Than Anything Imagined

The tree held tight by its roots
But the ash suffocated the bark
The branches gave up birds
Leaves frittered themselves away

Then   I cried out
Cried out through things

Deserts   at times
Receded

To the cry I harnessed myself

Dreaming up echoes
Mobilizing stars
Hewing gangways
Hollowing out galleries

I rivetted myself to the cry
Inciting to riot the stagnant water
Attuning the star to the riverbanks
Binding myself to faces
Raising up arches and foundations

Then   life
Went further in its response
Further than anything imagined

Des branches enfantèrent d'autres branches
Les paumes touchèrent d'autres paumes
L'écorce s'injecta de vivres
L'œil voyageait

Alors   doublant le cri
La vie se livra
Verticale

Je reconnus notre espace
J'étais en mouvement
Et pourtant
Demeurais.

Visage premier

Branches gave birth to other branches
Palms touched other palms
The bark was infused with nourishment
The eye journeyed

Then   far outpacing the cry
Life delivered its
Verticalness

I recognised our space
I was in movement
And yet
Remained within.

First Face

Epreuves de l'écrit (extrait)

On voudrait, d'abord, se concilier l'aube, affermir le sol des tendresses, avant de se heurter à l'écorce lisse de la page, avant de pénétrer dans cette plaine sans abri.

Nue, et parfois hostile, cette page, dont l'appel, cependant, demeure incessant.

Répulsion-attirance, désir-repli, avant d'affronter son espace. Puis, de s'y inscrire : à torrents ou goutte à goutte.

Devant cette surface mate, sans reliefs, souvent rebelle, comment croire, espérer, qu'à force de mots, de ratures, d'élans, de retombées, transparaîtra, peut-être, un sens qui réduit on ne sait quelle obscurité, qui dévide on ne sait quel écheveau?

Embrasser la poésie au plus large; au sens étymologique du mot.

Alors, elle devient "acte", elle devient " œuvre". Poésie pénétrant à pleines mains, à plein regard, à plein souffle, dans la vie; pour mieux l'appréhender, pour bâtir autrement.

Eprouver ne suffit pas. Pour traduire l'élan, pour faire germer le grain, il faut développer, modeler, architecturer ce tohu-bohu—ou ce plain-chant—du dedans.

Ensemencements et labours du langage, ce matériau à la fois malléable et rétif. Affûtage des outils. Recherche de la forme en deçà des formes. Charger les mots pour qu'ils nous relient au mystère de la vie. Interroger la parole pour qu'elle nous questionne à son tour.

Trials of the Written (extrait)

One would like, first, to conciliate dawn, render firm the soil of gentleness, before colliding with the smooth bark of the page, before entering the unsheltered flatlands.

Bare, sometimes hostile, the page, whose call, however, remains unceasing.

Repulsion-attraction, desire-withdrawal, before confronting its space. Then, the inscription of the self: torrentially or drop by drop.

Faced with this mat, level, often rebellious surface, how can one believe or hope that by dint of words, erasures, surges and relapses, a meaning, perhaps, will pierce through, reducing some darkness or other, unravelling some vague skein?

Embrace poetry in the broadest way; in the etymological sense of the word.

Then, it becomes an "act," it becomes a "work." Poetry entering, its fists full, its gaze brimming, full-breathed, into life; to better seize it, to build differently.

To experience is not enough. To translate the surge, to germinate the seed, one must bring on, mold, give shape to this jumble—or this plain-chant—from within.

The seedings and tillings of language, that at once supple and stubborn material. The sharpening of tools. The search for form yet uncongealed into forms. Give a charge to words so that they may

ANDRÉE CHEDID : 9

Rythmes et intervalles, accords et dissonances, foisonnement de caractères ou pauses des blancs. Les mots s'affrontent, les contradictions s'épousent, pour qu'émergent ces déflagrations, ces anfractuosités, ces mouvements aériens, enfouis au fond de nous.

Chaque poème n'est qu'une tentative, une ébauche, un tâtonnement. Chaque texte avance sans protection, sans certitude, nous gardant assoiffé du texte à venir.

Aventure sans épilogue. C'est là notre chance!

Le creuset initial ne désemplit pas. Le monde est sans cesse jeune et les sèves renaissantes.

Forçant les barrages, l'acte même d'écrire recouvre de dérision la dérision.

Si, parfois, le poème exalte, ses fruits, le plus souvent, mûrissent dans les fourrés.

Gravité du chemin, fréquemment ponctué par un silence hivernal.

Pèlerinage fiévreux que celui du poète, se heurtant aux impasses blafardes. Secouru, cependant, par un carillon de l'âme; soutenu par une transparence, une adolescence intacte, qui défoncent la grisaille, soulèvent les pièges, embrochent les filets, ouvrent passage à l'avenir.

Epreuves du vivant

bind us to the mystery of life. Question language so that we may be queried in turn by it.

Rhythms and intervals, tunings and disharmonies, teeming letters or pauses of blank space. Words confront one another, contradictions are wedded, so that the combustions, the sinuosities, the aerial movements, buried deep within us, may emerge.

Each poem is merely an attempt, a draft, a groping forth. Each text advances unprotected, uncertain of itself, keeping our thirst for the one to come.

An adventure without epilogue, Therein lies our fortune!

The initial crucible never empties. The world is endlessly young, its sap ever renascent.

Forcing open the dams, the act of writing covers derision with derision.

If, at times, the poem offers exaltation, its fruit, more often than not, ripens in the thickets.

The graveness of the way, frequently punctuated by a wintry silence.

The poet's pilgrimage is a feverish one, coming up against lambent blockages. Assisted, however, by a tinkling of the soul; sustained by some transparency, by an untouched youthfulness, which cave in the greyness of things, lift the traps, pierce through the nets, open the way to the future.

Trials of the Living

L'énigme—Poésie

Celle qui s'enfouit au creux des choses
Celle qui affleure et se dissipe
Celle qui germe à chaque escale
Celle qui s'écarte à chaque question
Celle qu'aucune parole ne bride
Celle qui consume chaque abri
Celle qui dérange les miroirs
Celle qui n'a ni terme ni nom.

Poèmes pour un texte (1970–1991)

Enigma—Poetry

She who buries herself deep in the hollow of things
She who breaks the surface and is quickly gone
She who germinates at each port of call
She who shifts to the side at each question
She that no speech bridles
She who consumes every shelter
She who disturbs mirrors
She who has neither end nor name.

Poems for a Text (1970–1991)

L'étendue vibre

Au fond des criques intimes
Où les ressacs rongent nos fibres et nos tissus
Nous oublions
        tapis   dans nos chagrins
Qu'au loin   qu'autour
L'étendue vibre

Comment y pénétrer?
Comment surgir de ces ravages?
Extirper l'âme de ses dégâts?

Comment restituer beauté à la beauté?

Comment soutenir
        même d'un cœur en fracture
Le jeu précaire et prodigue
De cette vie
Aux aguets?

Poèmes pour un texte (1970–1991)

The Expanse Vibrates

In the bottom of intimate creeks
Where the undertow gnaws at our fibers and our tissues
We forget
            ensconced   in our grief
That far off   that all around
The expanse vibrates

How can we gain entry?
How can we rise forth from these ravages?
Root out the soul from the damage inflicted?

How can we restore beauty to beauty?

How can we sustain
            even with a fractured heart
The precarious and prodigal play
Of that life
Ever watchful?

Poems for a Text (1970–1991)

Ivre de liberté . . .

Ivre de liberté et d'ordonnance
La vie enchaîne ses gammes
Exécute ses parades
S'articule en milliard de formes

Se supprime
Pour mieux renaître
Se décime
Pour reverdir

Par delà les mots

Drunk with freedom . . .

Drunk with freedom and prescription
Life runs through its scales
Performs its shows
Finds articulation in a billion shapes

Makes away with itself
To spring into better birth
Decimates itself
To find green growth

Beyond Words

Je me souviens

Je me souviens
D'ombres plus denses que le plomb
De regards impassibles
De rivières fourbues
De maisons rongées
De cœurs blanchis
D'hirondelles torpillées

Et de cette femme hagarde
    sous l'explosion des armes.

Je me souviens
Du tumulte des sèves
De l'envolée des mots
De plaines sans discorde
Des chemins de clémence
Des regards qui s'éprennent

Et de ces beaux amants
    sous les feux du désir

    De tout ceci
    De tout cela
    Je me souviens
    Et me souviens.

Par delà les mots

I Remember

I remember
Shadows thicker than lead
Callous looks
Broken rivers
Houses gnawed away
Hearts turned white
Swallows torpedoed

And that haggard woman
        beneath the explodings of weapons.

I remember
The turmoil of sap rising
Words taking to flight
Valleys without discord
Paths of mercy
Gazes of enamorment

And those beauteous lovers
        beneath the fires of desire

        All of this
        All of that
        I remember
        and remember.

Beyond Words

Heather Dohollau

Manzu'

Porta della Morte

La mort et la matière
Sont ici des transparentes
S'appuyer contre la nuit ouverte
Comme l'enfant sur sa mère
Où le bras levé en désespoir
Est tiré de l'autre côté
Par les anges
Avec la Vierge de son sommeil absent
Et le poids du Christ
Dans le corps du bourreau
Est son espace
Nous sommes les hiéroglyphes de la profondeur
Dans la profondeur même

Matière de lumière

Manzu'

Porta della Morte

Death and matter
Are here transparent things
Leaning against the open night
Like the child upon its mother
Where the arm raised in despair
Is tugged at from the other side
By the angels
With the Virgin from its absent sleep
And the weight of Christ
In the executioner's body
Is his space
We are the hieroglyphs of depth
In depth itself

Matter of Light

Peinture

Dehors dans une lumière d'opale
Surgie la mer
Par la fenêtre sombre
La vision ailée d'une terre
Qui se sauve immobile
Ce que nous ne sommes pas
Ce que nous ne sommes pas
Est ce que nous sommes

Matière de lumière

Ce vide au cœur . . .

Ce vide au cœur de l'amour est une chose merveilleuse, il n'existe
pas pour être comblé, c'est lui qui comble. Comme la musique
aboutit au silence, tout tend vers cet instant où les mains tombent.
Plus rien à donner, plus rien à prendre. Le monde est perçu en son
origine, et le temps n'est qu'un rêve de l'espace.

Matière de lumière

Painting

Outside in an opaline light
Arisen the sea
Through the dark window
The winged vision of an earth
Saving itself without motion
What we are not
What we are not
Is what we are

Matter of Light

This void in the heart . . .

This void in the heart of love is a wondrous thing, it does not exist
to be filled, it itself fills. As music ends up in silence, everything
tends towards the moment when our hands fall limp. Nothing
more to be given, nothing more to be taken. The world is perceived
as origin, and time is but a dream of space.

Matter of Light

Comment perdre . . .

Comment perdre ce qui est toujours là
Le vrai incroyable
La présence d'un feu, un lit, un jardin
L'ombre en tête d'oiseau de la plume
N'est pas plus fidèle
Que ces lieux où nous vivons
Par la caution des choses

La table, les chaises, les fleurs
Dans l'eau des heures
L'espace partagé
Où en tendant la main
Nous poussons la porte du présent
Et le regard s'arrondit comme un fruit

Matière de lumière

Il m'a toujours semblé . . .

Il m'a toujours semblé que le geste le plus réel
Etait de se frotter les yeux
Comme si on allait retrouver une première vue
Le moment où dans un recul infini
La lumière fut simplement là

Pages aquarellées

How can we lose . . .

How can we lose what is ever there
The incredibly true
The presence of a fire, a bed, a garden
The bird-headed shadow of the pen
Is not more faithful
Than these places wherein we live
By the surety of things

The table, the chairs, the flowers
In the water of hours
Shared space
Where our hand proffered
We push open the door of the present
And our gaze fills out like fruit

Matter of Light

It has always seemed to me . . .

It has always seemed to me that the most real gesture
Was rubbing one's eyes
As if one was about to recover some first sight
The moment when in infinite recession
Light was simply there

Watercolor Pages

Vol immobile . . .

Vol immobile
La terre se lève en éventail
Haleine de la vie
Dans un corps oblique
Bouquet d'arbres et d'ombres
Sur la soie des champs
Une maison aux volets bleus
Epingle sa chute
Le vent froisse le bord des feuilles
En neige légère
L'eau cueillie aux creux des mains
Se sèche en parure
Le viatique se tient à l'œil

Balthus

Pages aquarellées

Motionless flight . . .

Motionless flight
The earth rises up fan-like
Breath of life
In a slanted body
A bouquet of trees and shadows
Upon the silk of fields
A blue-shuttered house
Pins its fall in place
The wind rumples the leaves' edge
Like light snow
The water gathered in cupped hands
Dries out in adornment
The viaticum remains in the eye

Balthus

Watercolor Pages

Grand paysage du midi

Un chemin debout comme un arbre
A pour feuilles la terre
Sur cette surface dressée
Où les couleurs sont les haies
Il n'y a d'espace que pour le regard
Personne ne sait de dehors où est sa vie
Pris dans l'ambre de sa tâche
Mais cette présence pleine
Crée la durée d'une lente émergence
Et nous rentrons de face
Dans la gloire d'une lumière où nous sommes

L'Adret du jour

Great Southern Landscape

A track straight up as a tree
Has the earth as leaves
Upon this set surface
Where colors are hedges
There is space only for gazing
Nobody knows from the outside where life is
Caught in the amber of one's task
But this full presence
Creates a long slow emergence
And we return face on
To the glory of a light in which we are

The Sunny Slope of Day

L'île d'amour

Haute passerelle du jour
La lumière du soir éclaire les cimes des arbres
Mince chemin des âmes par-dessus les grottes obscures
Cachés sous les ailes berceuses des branches
Les oiseaux ne sondent plus le silence
Et la nuit cueille de la terre les couleurs
Comme des roses

La longue éclaircie du temps du regard
Est chance de vie où sur la rive les roses
Suspendues près de l'écume tressent la transparence
Et les êtres qui touchent d'un pied léger
Un sol que baigne un soleil oblique
N'existent que par une grâce de cœur qui sauve
Dans une île de la vue

L'arbre foudroyé est la lyre d'un dieu
Jouant les accords de la lumière dans le ciel du soir
Musique silencieuse glissant comme rosée entre jour et nuit
Sur les faces des fleurs, des larmes de joie qui sourdent
Aux cils de l'ombre, un baume ultime
Pour l'attente trop brève
Des heures d'étoile

d'après Fragonard

L'Adret du jour

Island of Love

High gangway of day
The evening light brightens the tree-tops
Thin path of souls above the dark caves
Hidden beneath the cradling wings of branches
The birds no longer sound out the silence
And night gathers the colors of earth
Like roses

The long clearing in the time of gazing
Is chance of life where upon the shore roses
Hanging low by the foam weave transparence
And beings treading lightly upon
A ground bathed by the slanting sun
Exist merely by some saving grace of heart
On an island of sight

The lightning-struck tree is the lyre of a god
Playing the chords of light in the evening sky
Silent music sliding like dew between day and night
Over the faces of flowers, tears of joy welling up
Upon shadow's lashes, an ultimate balm
For the over-brief awaiting
Of starry hours

from Fragonard

The Sunny Slope of Day

J'écris pour voir . . .

J'écris pour voir ce qui reste à l'extérieur,
qui vient s'appuyer contre la vitre du texte.
Le presque oublié, attiré par un mot, une couleur,
l'air. D'un lieu d'où je me suis retournée pour
regarder ailleurs. L'arrière-plan éternel,
éternellement au devant de moi.

L'Adret du jour

Douceur de marcher . . .

Douceur de marcher sur le sable
Dans le bruit des vagues
Quand l'espace se creuse
Et le jour comme une cave de lumière
Courbe sur nous ses murs de ciel
La mer reste l'impensable naissance et mort
Le portail transparent d'un rien autre
Quittant la ligne de nos pas
Nous sommes les ressortissants de nos rêves
Ebauchant hors de l'ombre les gestes d'écume

Les Portes d'en bas

I write to see . . .

I write to see what remains outside, coming
to rest against the window of the text. The
almost forgotten, attracted by a word, a color,
air. From a place I have turned away from
to look elsewhere. The eternal backcloth,
eternally before me.

The Sunny Slope of Day

Sweetness of walking . . .

Sweetness of walking on the sand
In the noise of waves
When space hollows out
And day like a cellar of light
Bends over us its walls of sky
The sea remains the unthinkable birth and death
The transparent portal of some other nothing
Leaving the line of our footsteps
We are the denizens of our dreams
Limning out of the shadow the gestures of foam

The Gates Below

Ici ce sont les couleurs . . .

Ici ce sont les couleurs qui ont des ailes
Transportant la scène dans une autre région du ciel
Où la douleur tremble comme un papillon sur une fleur
Un arbre de grâce déposant sur la terre une absence d'ombre
Les regards cherchent en les nôtres le secours d'une confirmation
Qu'une fin si absolue ne peut qu'être vécue éternellement
Comme un commencement

Santa FELICITA.

Les Portes d'en bas

Here it is the colors . . .

Here it is the colors that have wings
Carrying the stage off to another region of the sky
Where pain quivers like a butterfly on a flower
A tree of grace placing upon the earth an absence of shadow
Eyes seek in ours the succor of a confirmation
That such an absolute end can only be experienced eternally
As a beginning

Santa FELICITA.

The Gates Below

Soies anciennes

Tenues à bout de bras contre le ciel
Un matin d'avril aux nuages épars
Sur fond de bleu si pâle on n'ose y croire
Qui ravale tout dans un seul bandeau clair
Et charge la vue du présent et ses liens
Ces étoffes fragiles ménagent le regard
Et lui procurent en avant de sa perte
Une manière d'ailes

La mer est là étalée dans un souffle
Les vagues frôlant le sable respirent à peine
Et lentement elle est rentrée en elle-même
Nous laissant sur la grève où sèchent les larmes

La longue-vue se retourne là-bas très loin
A l'horizon contre le rond du ciel
Un petit personnage regarde la mer
En fermant bien nos yeux qu'il puisse la voir

Chantons le gris infini des longs jours
Entassés dans le cœur pli contre pli
Draps rêches de cette Ur-scène aux taches de rouille
Là où les jeunes goélands harassent leur mère

Les maisons semblent étendues comme des bras
Empêchant la longue chute de la falaise
Et au-dessus les jardins sont une suite
De stations d'un chemin immobile

Ancient Silks

Held at arm's length against the sky
One April morning with its scattered clouds
Upon such pale blue background one daren't believe it
Swallowing up everything in a single bright band
Entrusting sight with the present and its bonds
These fragile cloths gentle upon the eye
Offering ahead of loss
A kind of wingedness

The sea is there spread forth in a puff of air
Waves brushing the sand and barely breathing
And slowly it has returned within itself
Leaving us upon the beach where tears dry

The field-glass turns about in the far distance
On the horizon against the rounded sky
A child gazes out to sea
Shutting our eyes so he may see it

Let us sing the infinite greyness of long days
Piled up in our hearts fold upon fold
Rough sheets of a rust-stained Ur-scene
In which young gulls pester their mother

The houses seem stretched out like arms
Preventing the long fall of the cliff
And up above the gardens are a series
Of halts along a motionless path

Car ici tout mouvement est un leurre
Et si sur l'herbe étroite le pas avance
Chaque fois au bord du gouffre où coule le temps
C'est bien d'en bas qu'on voit tomber la pierre

Sur les pâles sentiers les surfaces brillent
Les strates sont comme la crème dans un gâteau
Nous mangeons bien notre mort en épaisseur
Un feuilleté d'instants dans une coupe profonde

Me suis-je ainsi trompée sur la vie
Hâtant la lecture pour surprendre la fin
Sautant à pieds joints les entre-deux
Au lieu de maintenir la rampe des jours

M'entourant de ces murs imaginaires
Qui dressent le plan de l'air en transparence
Effilant le regard de lumière
Pour fixer en espalier le proche

Et ainsi tenter d'être ce côté-ci
Traçant à contre-jour la courbe des fruits
Attachée par le mince ruban des mots
Aux mâts des arbres longeant les voix extrêmes

Les Portes d'en bas

For here all movement is deceptive
And if over the narrow grass we step forth
Each time at the edge of the abyss where time flows by
It is from below that we see the stone falling

On pale paths surfaces shine out
Strata are like cream in a cake
We bite deep into our layered death
A flaky wafer of moments in an ample bowl

Have I thus got life all wrong
Hurrying my reading to catch the ending
Leaping feet together over the bits between
Instead of keeping to the uphill flight of days

Gathering around me imaginary walls
That map out the transparent air
Tapering my lighted gaze
To trellis up what is close

And so seeking to be on this side of things
Sketching against the light the curve of fruit
Clinging via the thin ribbon of words
To the masts of trees sailing by the far voices

The Gates Below

Françoise Hàn

Compagnon

Ta présence
tient le monde en équilibre

minuscule trait vertical
entre terre et nuages

en contrepoint du vide
que tu épaules
et qui t'éclaire

La distance autour de toi
prend une autre teinte
peut-être est-ce l'automne
qui rassemble ces rumeurs de vie
courant au ras du sol

tandis que roulent les tambours de guerre
et qu'une planète pas très vieille
se disloque non par usure
mais sous les coups de la démence

ai-je tort si je m'émerveille
d'une pluie de feuilles
d'un envol de graines

Le Réel le plus proche

Companion

Your presence
keeps the world in balance

minute vertical line
between earth and clouds

in counterpoint to the void
you shoulder
and which casts its light upon you

Distance about you
takes on another hue
perhaps it's fall
gathering life's rumblings
skimming over the land

while war drums roll
and a not so old planet
comes apart not from wear
but beneath the blows of lunacy

am I wrong to marvel
at leaves raining down
at seeds flying upon the air

Closest Reality

Rouge sombre ...

Rouge sombre
la trace d'une aile
au ciel dévasté

par le gouffre de lumière
ouvert sous mes pas
je te rejoins
toi qui fus l'adolescent de la colline
quand la douleur dévalait de pierre en pierre
et que naissaient de l'écume
sans cesse de nouveaux mondes

voici que tu reparais par un chemin de brume
et qu'un oiseau venu des sommets
décrit un vol large au-dessus du golfe

mais leurre d'une écriture
ou signe enfin

quand le temps et la toile
dans l'atelier pillé
manquent à nos désirs

Le Temps et la toile

Dark red . . .

Dark red
the trace of a wing
in the devastated sky

through the chasm of light
opened up beneath me
I am again with you
the youth that was upon the hill
when pain tumbled down through the stones
and from the foam sprang forth
endless other worlds

and there you appear once more upon a path of mist
and a bird from the bluffs
describes broad flight above the bay

but writing's lure
or a sign at last

when time and canvas
in the pillaged studio
fall short of our desires

Time and Canvas

Le désordre autour . . .

le désordre autour d'eux
sur eux demain l'oubli

sont-ils rien d'autre
que des mots sur une page
nos foulées dans la neige

un rayon oblique
parvient-il jusqu'à eux
éclairant l'en-dedans et l'en-dehors
dans une seule phrase
qui rendrait lisibles les images
brouillées du présent

un peu de sens
un feu de copal
pour deux voyageurs harassés

Cherchant à dire l'absence

Disorder all about . . .

disorder all about them
upon them tomorrow oblivion

are they anything else
but words upon a page
our strides in the snow

does a slanted ray
reach through to them
lighting the within and the without
in a single sentence
that might make legible the
muddled images of the present

a little meaning
a fire of copal
for two harried travelers

Seeking to Say Absence

Cherchant à dire . . .

cherchant à dire
l'absence une durée
effacée
le texte blanchit s'en va

il est sorti
de ses fissures
ne tente pas
de réarranger ses fragments

le vide est suspendu
en amont en aval

l'entre-deux du récit
tracé sur la brisure
une singularité du vide

Cherchant à dire l'absence

Seeking to say . . .

seeking to say
absence time
erased
the text whitening departs

it has emerged
from its crevices
it does not attempt
to reorder its bits and pieces

the void is held in suspense
upstream downstream

the narrative's in-between space
mapped out upon the crack
a singularity of the void

Seeking to Say Absence

Il n'y a pas de vol augural . . .

Il n'y a pas de vol augural
pas de signes pour nous guider

nous n'allons pas au tombeau d'un saint
implorer la guérison de nos infirmités
les pèlerins qui nous croisent
nous dévisagent sans amitié
les fontaines miraculeuses
ne sont pas sur notre chemin

nous faisons un détour pour éviter
la fumée des sacrifices
nous n'écoutons pas les oracles
nous ne répandons pas les libations

nous ne suivons pas non plus les caravanes
nous ne transportons pas d'étoffes précieuses
un coffre empli d'or de l'huile lampante
nous ne boirons pas du lait des chamelles
nous partagerons le fond de nos gourdes
et la fatigue avec les vagabonds
un soir sous les étoiles
l'un d'eux peut-être ou l'un de nous
en égrenant des graviers
dira les mots qui nous manquent

There is no augural flight . . .

There is no augural flight
no signs to guide us

we do not go to saints' tombs
to beseech a cure for our infirmities
the pilgrims we come across
stare at us inimically
miraculous founts
do not lie on our paths

we go out of our way to avoid
the smoke of sacrifices
we listen to no oracles
we spread forth no libations

nor do we follow caravans
we carry with us no precious stuff
a gold-filled chest refined lamp-oil
we shall not drink of camel's milk
sharing to the last drop our calabashes
and our tiredness with tramps
one evening beneath the stars
one of them perhaps or one of us
telling gravelly beads
will speak the words we lack

fresques peintes à même la roche
ô bienveillantes
vos danseuses vos antilopes
vos mouflons et vos bœufs
vos personnages à tête ronde
nous laissent passer

Même nos cicatrices

painted frescoes right on the rock
how bounteous you are
your dancing women your antelopes
your wild sheep and your oxen
your round-headed figures
give us freedom to move

Even Our Scars

Comme un été qui ne finira pas

pour Chinh

l'âge vient nous prend la main avec patience
nous répète les mots que nous n'avions pas compris
nous mène devant la lueur d'autrefois
elle brille plus fort elle précise les contours
et ce que nous ne pourrons plus vivre désormais
nous le lisons

                  le poème

que nous avons écrit en aveugles
dont nous avons brûlé les pages
le voici qui s'éveille devant la flamme
il s'agrandit et quand nous croyons saisir un sens
il se déplie encore
une ligne tremble l'horizon cède
nous sommes au seuil de notre espace
la brume où nous avons marché si longtemps
se retire au pied des monts paisibles dans le couchant
qui sont peut-être la vérité de nos mythes
leur floraison de terre

                  les chemins

que nous avons tracés à l'aventure
qui n'ont rien laissé dans la mémoire
que la poussière des pas sont visibles de nouveau
nous distinguons dans leur argile fraîche
des empreintes

                  nous parvenons

aux abords d'un pays qui fut nous
traversé des oiseaux migrateurs voûté

Like an Unending Summer

for Chinh

age comes patiently taking us by the hand
reiterates to us the words we had not understood
leads us to the glow of yesteryear
shining out ever stronger clarifying contours
and what we henceforth shall no longer be set to live
we read
                              the poem
which we have blindly written
whose pages we have burned
awakens in the flame's light
growing large and when we think meaning is grasped
it unfolds further
a line trembles the horizon yields
we are upon the threshold of our space
the mist in which we have walked for so long
retreats to the quiet low hills in the west
which are perhaps the truths of our myths
their earthly flowering
                              the paths
we have haphazardly drawn
leaving nothing upon memory
but dusty traces are once more visible
we make out in the fresh clay
footprints
                              we reach
the borders of a land that was us
traversed by birds in migration stooped

sur le secret de nos frondaisons brisé
sur le genou du vent

                        jamais
nous ne pourrons tout à fait nous atteindre

                                            Même nos cicatrices

over the secret of our foliation broken
on the wind's knee

                never
shall we quite be able to attain to ourselves

Even Our Scars

Joyce Mansour

Inventaire non exhaustif de l'indécent ou le nez de la méduse

Ce qui est indécent fait rougir
Le sang à la tête
Le choc en retour
La fuite en avant
Censure
Indécent le cercueil couvert d'un drapeau
Indécents les discours les médailles les morts au champ d'honneur
Obscène la guerre
Indécente la solitude du vieillard
Obscène la misère
Indécent le paravent qui dérobe l'agonisant
Aux yeux des moribonds
Indécents les indifférents les béni-oui-oui les staliniens
Indécents les fascinés de l'Ordre
Les porteurs de matraque et de goupillon
Indécent le pas cadencé
La peine capitale la prison préventive
Indécents les asiles
Obscène la torture
Indécente la force armée
Qui se déploie sur les pavés de la ville en fête
Indécente l'acné rouge de la boutonnière
Tout est légion sauf l'honneur
Indécente l'Académie ?
Trop d'honneur(s) !
Indécents ceux qui font parler les morts
La bouche enfarinée

Incomplete Inventory of Indecency
or the Jellyfish's Nose

What is indecent makes us blush
Blood to the head
Backlash
Headlong flight
Censorship
Indecent a coffin draped with a flag
Indecent speeches medals the dead on battlefields
Obscene war
Indecent an old man's solitariness
Obscene poverty
Indecent the screen hiding away someone dying
From the gaze of the infirm
Indecent those without care the blessed yes-yessers Stalin supporters
Indecent those intrigued by order
Bludgeon and aspergillum bearers
Indecent marching in step
Capital punishment preventive imprisonment
Indecent asylums
Obscene torture
Indecent armed force
Deployed in the city streets in times of festival
Indecent the buttonhole's red acne
Everything is in abundance except honor
Indecent the Academy?
Too great an honor!
Indecent those who speak for the dead
With flour in their mouths

Indécents les sondages de rein de la population passive
Indécent le bâillon
Obscène le baïonné
Indécent le racisme
Obscène la mort

Faire signe au machiniste

Indecent kidney probes of passive populations
Indecent gagging
Indecent bayonetting
Indecent racism
Obscene death

Nodding to the Driver

Entre le rêve et la révolte la raison vacille

Une phrase traverse la tête endormie
Il faut déjouer les tours de la cathédrale
Tours de sang dans le vent tournis
Brasillants tourniquets
Organes inexplorés
Abcès de fixation pour acrobates verbeux
L'araignée pendue à un cil
Guette son image dans l'iris du ciel
Un cheveu fictif remplace l'autre dans la soupière
Un cerveau respire mal sous le globe du souvenir
L'œil du cheval
Ne sachant où se poser
Revint à la charge
Explosion dans le flux vécu
Fixes les yeux Enflées les paupières
Lourds les miasmes dans le champ carnassier
Une phrase une seule phrase sur le mur creux de l'effroi
L'alun clarifie les eaux
Les notabilités de la gent bousière
Portent fièrement leurs croix de viande
Au revers de leurs insomnies
Ivre il faut vivre ivre
Ecœurante équation du juste milieu
Entre les cuisses tièdes de l'homme rassis
Vit un rat
Il vomit
Triste fin pour un littérateur

Phallus et momies

Between Dream and Revolt Reason Vacillates

A sentence goes through my sleeping mind
You must thwart the cathedral's towering tricks
Towers of blood giddiness in the wind
Sparkling tourniquets
Unexplored organs
Abscesses of obsession for verbose acrobats
The spider hanging by a lash
Watches for its image in the sky's iris
One fictional hair replaces another in the soup tureen
A brain has difficulty in breathing beneath the glass cover of
    remembrance
The horse's eye
Not knowing where to settle
Returned to the attack
An explosion in the flow of life
Eyes staring Lids swollen
Miasmas weighing down in the carnivorous realm
One sentence a single sentence on the hollow wall of fright
Alum clarifies waters
The VIPs of dunghill folk
Proudly wear their meat crosses
On the lapels of their insomnia
Intoxicated you must live intoxicated
The disgusting equation of the middle ground
Between the stale man's warm thighs
Lives a rat
Vomitting
A sad end for a writer

Phalluses and Mummies

Jasmin d'hiver (extrait)

Apparition forcée
Quatre hautes statues
Toujours les mêmes malgré la verdure
Gardiens posthumes du phallus de pierre
Le dur désir silencieux
Celui qui vrille les entrechats
Sous les draps mouillés
De la mousson
Reconnu le taureau accroupi dans la fange
Les chiens errants les mendiants
Le grand doute haletant
L'illusion que cela bouge
Dans l'angle sec de l'œil
Tout est là inscrit sur les murs blancs flottants
Il faut tuer l'ancêtre dans l'œuf
Car dès le commencement
Rien n'est

Jasmin d'hiver

Winter Jasmine (extract)

Forced appearance
Four high statues
Always the same ones despite the greenery
Posthumous wardens of the stone phallus
Hard silent desire
The one boring through the cavortings
Under the wet sheets
Of the monsoon
Recognizing the bull crouched in the mire
The stray dogs the beggars
Great panting doubt
The illusion things are moving
In the eye's dry corner
Everything there is written on the floating white walls
Ancestors should be nipped in the bud
For from the beginning
Nothing has been

Winter Jasmine

Flammes immobiles (extrait)

Brûler de l'encens dans la quiétude d'une chambre
Loin derrière les récifs d'une journée chaotique

Suivre de longues queues de noir vêtues
Dans les cimetières où dorment les années révolues

Pleurer des morts qui fleurissent comme jambons de Parme

Creuser des rides dans les champs

Crever l'œil stagnant de la nuit

Embrasser le pied d'un pape alpiniste
Ou laper l'huile qui suinte des idoles endolories
Par trop de caresses

Tout cela me fatigue
M'exaspère

Rien ne vaut une bonne dose de rage
Pour partir
Car le pied crée le chemin use le roc
Et renverse le totem qui titube
Dans la peur tropicale des églises

Il faut noyer le coq à sa naissance
Empêcher les aveugles de mener le train

Les prairies de la mort papillonnantes de papiers gras
Bordent nos songes de leurs hauts cris
Raison de plus pour en rire

Flammes immobiles

Motionless Flames (extract)

Burning incense in the quietness of one's room
Far behind the reefs of a chaotic day

Following long lines dressed in black
In cemeteries where bygone years sleep on

Weeping over dead people blossoming like Parma hams

Carving out wrinkles in fields

Popping the night's stagnant eye

Kissing the feet of a mountaineering pope
Or lapping the oil which oozes from idols aching
From too many loving hands

It all tires me
Exasperates me

Nothing's better than a good dose of fury
To get going
For the foot creates the roadway wears down the rock
And tips over the staggering totem
In the tropical fear of churches

You must drown the cockerel at birth
Stop the blind from setting the pace

The prairies of death fluttering with greasy paper
Tuck in our dreams with their loud cries
One more reason to laugh at it all

Motionless Flames

Claire Laffay

Visage végétal . . .

Visage végétal aux ruisseaux de l'été,
Sourire encore au fin ruisseau des cheveux vierges . . .
Oh ! ces dents
Qui feront l'ouvrage de la mort !

Temporelles

The face of plants . . .

The face of plants upon summer streams,
A smile still upon the fine stream of virgin hair . . .
Oh! these teeth
That will do the work of death !

Temporals

Mes compagnons, mes frères ...

Mes compagnons, mes frères, éclos entre deux guerres,
Avons-nous tant dormi dans une longue enfance ?
C'était pourtant après un grand massacre.
Etés dans l'immobile, villages comme sources,
Amis portant leurs chaînes d'or, et dans leurs yeux les fêtes et les
    livres ;
Les concerts du soir au pied des colonnes,
L'argent de leurs terres changé en offrandes,
Les garrigues dans l'air de la Grèce . . . la mer même paisible
Et la route escortée de platanes mirant ses rouliers, ses gitanes
    dorées au glissement de la lumière
Dans la plus pure des provinces :
Qui nous aurait appris la haine l'horreur noire ?
Si longtemps tenus en telle innocence, enfants de tant de crimes !

Avons-nous tant dormi qu'au réveil l'air même s'étonne ?
N'avons-nous marché dans les déchirements pour connaître ces
    marques ?
Est-il vrai ce visage,
La face de la guerre et du surnombre, le grincement des êtres
La terre agonisante et le suicide du prophète ?

Parmi tant de massacres avons-nous tant dormi dans une
    interminable enfance ?
Ensemble ferons-nous le dernier pas de l'histoire ?
Voici le fond du bâtiment, ici se ferme le futur,
Notre cachot, coudes serrés,
Monde sursaturé qui ne verra plus rien que l'homme !

"Au-delà," disait-il, "plus loin que les Barbares, vers le soleil de
    l'aube, plus un peuple."

My companions, my brothers . . .

My companions, my brothers, blossomed forth between two wars
Have we slept so long through days of childhood?
It was yet after a great massacre.
Summers without motion, villages like springs,
Friends bearing their chains of gold, and in their eyes holidays and
    books;
The evening concerts beneath the columns,
The money of their lands changed into offerings,
The stony hills blown by the air of Greece . . . the even peaceful sea
And the road escorted by plane-trees admiring its carters, its
    gypsies gilded in the slippage of light
In the purest of countrysides:
Who would have taught us hatred black horror?
So long held in such innocence, children of so many crimes!

Have we slept so long that at waking the very air is astonished?
Have we not walked in ravages to know these marks?
Is this face true,
The visage of war and overpopulation, the grating of beings
The writhing earth and the prophet's suicide?

Among so many massacres have we slept so long in an endless
    childhood?
Together shall we take history's last step?
Here lie the depths of our construction, here the future closes,
Our dungeon, pressed together,
An over-saturated world seeing nothing but men!

"Beyond", he said, "further than the Barbarians, towards dawn's
    sun, no race remaining."

Il fut, ce temps, il est peut-être, Ailleurs-Là-bas ?
Si le bonheur est un moment un devenir et un aller
J'entrevois dans les nuages de lumière des mondes juvéniles de
    somptueuse barbarie ;
Des mondes forgent leur histoire et redisent l'Antique.
L'étonnement des passes, au visage de l'Autre,
Aurores à grand ciel et paysages sans frontières . . .

Futurs qui ne sont pas les nôtres, où Dieu lance ses jeux épars ;
Sont-ils tragiques, monotones ?—Moi les chevaux j'aimais!

Ile ! seule aventure la connaissance . . .
Ah ! que me bercent le possible, un souvenir, l'attente, l'art vivace,
Les méandres du temps recroisé survolé liminaire
Et plus de choses dans les soirs que n'en poursuit l'imaginaire !

Requis en témoignage nous ressusciterons dans leur désert notre
    âme ombreuse :
Les plongerons dans la ramure intérieure où luisent nos clairières
    au jeu magique des piliers,
Où les fleurs en haut lieu et la pensée à mi hauteur s'allument ;
Et les nuages mènerons gréés de leurs voiles sur plusieurs fronts de
    l'altitude
Quand les bas fonds de brume ouvrent des grottes de soleil ;

Chanterons les prés bois et les vignes, si longtemps accordés à l'âme
    corporelle,
Nos bêtes flanc à flanc, leurs yeux qui nous cherchent, qu'une main
    fit pareils aux nôtres,
Et nos cités éparses comme pierres d'un champ : main mise sur la
    plaine au fil des fleuves—
Mais pour les fauves un grand espace s'enivrait par monts et
    steppes . . .

This time was, perhaps is, elsewhere, yonder?
If happiness is a moment, a becoming and a going
I glimpse in clouds of light youthful worlds of sumptuous
   barbarity;
Worlds forge their history and retell antiquity,
The astonishment of passes, with the face of the Other,
Wide-skied daybreaks and boundless landscapes . . .

Futures that are not ours, where God throws forth his scattered
   games;
Are they tragic, monotonous?—Horses I loved!

Island! Knowledge the only adventure . . .
Ah! may I be gently rocked by the possible, by some memory,
   expectation, deft art,
The meanderings of time intersected anew scanned from on high
   liminal
And more things upon the evening air than imagination can pursue!

Called forth as witness we shall bring to life in their desert our
   shadowful souls:
Shall plunge them into inner branches where our clearings glisten
   in the magical play of pillars,
Where up-land flowers and waist-high thought come alight;
And clouds we shall lead forth full-rigged on several fronts of
   altitude
When misty depths open up sunny caverns;

Shall sing of meadows woods and vines, so long tuned to the body's
   soul,
Our beasts flank to flank, their eyes seeking ours, fashioned like
   ours,
And our cities scattered like stones in a field: seizure of the plains
   along the rivers—
But for the animals of the wild a great space lay ecstatic upon hills
   and prairies . . .

Frères des Scythes et des Grecs dont le passé chevauche encore,
Blessez nos fils d'inconsolable nostalgie :
Pire souffrance pour nos mânes, leur oubli !
Plantez-leur l'ancien monde, réel comme le bronze de nos flèches
    perdues.
Le croiront-ils ? qu'ils rêvent l'impossible Terre
Comme prince déchu qui dans son gîte voit le palais de jardins
    suspendus et de coupoles étoilées, plus beau que songe,
Dont il était l'enfant.

Temporelles

Brothers of Scythians and Greeks whose past still rides on,
Wound our sons of memory inconsolable:
A worse suffering for our shades, forgetting them!
Plant out for them yesterday's world, as real as the bronze of our
    lost arrows.
Will they believe us? May they dream the impossible Earth
Like a fallen prince in his shelter seeing the palace of hanging
    gardens and starred domes, more lovely than a dream,
Whose child he was.

Temporals

Visage blanc des lunaisons ...

Visage blanc des lunaisons, être l'âme couchée de cette brume qui
s'éclaire sur un océan d'arbres

Et pénétrée d'éther et pénétrant la feuille dormir la forêt.

Paupière irriguée de lait bleu ravir l'orée impalpable des mondes, le
toucher des naissances.

Etre le dos d'un peuple sombre, plongé en terre, saisir aveugle la
clarté des morts

Qui vient d'en haut. Filtrer nocturne la sapience cachée à nos
pupilles—à travers cils captée.

Nourrie de sève et de magie et frauduleuse à la minuit (sous la
hêtraie nul n'a vu l'autre face)

Attendre, écoute indéfinie, livrée ouverte aux clartés nues de
l'ombre

Et dans l'absence blanche du sommeil, aussi vraies, sur les joues, la
brise et la lueur,

Mystérieusement boire aérienne l'origine.

L'Arbre fleuve

White face of lunations . . .

White face of lunations, to be the recumbent soul of the mist lit up
upon an ocean of trees

And run through with ether and traversing each leaf to sleep forest.

Eyelid irrigated with blue milk ravishing the impalpable verge of
worlds, the touch of births.

To be the back of a dark people, plunged into earth, to seize blind
the brilliance of the dead

That comes from above. To filter out nocturnal wisdom hidden
from our pupils—tapped through lashes.

Fed by sap and magic and fraudulent at the midnight hour
(beneath the beech grove no one has seen the other side)

Waiting, listening endlessly, given over to the naked brilliance of
shadow

And in sleep's white absence, upon the cheeks, just as true, the
breeze and the glimmering,

Mysteriously drinking in origin borne upon the air.

River Tree

Marguerite Duras

Césarée

Césarée
Césarée
L'endroit s'appelle ainsi
Césarée
Cesarea

Il n'en reste que la mémoire de l'histoire
et ce seul mot pour la nommer
Césarée
La totalité.
Rien que l'endroit
Et le mot.

Le sol.
Il est blanc.

De la poussière de marbre
mêlée au sable de la mer.

Douleur.
L'intolérable.
La douleur de leur séparation.

Césarée.
L'endroit s'appelle encore.
Césarée
Cesarea.

Caesarea

Caesarea
Caesarea
The place bears this name
Caesarea
Césarée

All that remains is history's memory
and this simple word to name it by
Caesarea
The whole.
Nothing but the place
And the word.

The ground.
Is white.

Marble dust
Mixed with sea sand.

Pain.
Intolerableness.
The pain of their separation.

Caesarea.
The place still bears the name.
Caesarea
Césarée.

L'endroit est plat
face à la mer
la mer est au bout de sa course
frappe les ruines
toujours forte
là, maintenant, face à l'autre continent déjà.
Bleue des colonnes de marbre bleu jetées là devant
le port.

Tout détruit.
Tout a été détruit.

Césarée
Cesarea.
Capturée.
Enlevée.
Emmenée en exil sur le vaisseau romain,
la reine des Juifs,
la femme reine de la Samarie.
Par lui.

Lui.
Le criminel
Celui qui avait détruit le temple de Jérusalem.

Et puis répudiée.

L'endroit s'appelle encore
Césarée
Cesarea.

La fin de la mer
La mer qui cogne contre les déserts

The place is flat
facing the sea
the sea is at the end of its course
striking against the ruins
ever powerful
there, now, facing the other continent already.
Blue from the blue marble columns cast up
there before the harbor.

Everything destroyed.
Everything has been destroyed.

Caesarea
Césarée
Captured.
Carried off.
Taken into exile on the Roman ship,
queen of the Jews,
the queen woman of Samaria.
By him.

Him.
The criminal
He who had destroyed the temple of Jerusalem.

And then repudiated her.

The place is called still
Caesarea
Césarée.

The sea's end
The sea hammering against the deserts

Il ne reste que l'histoire
Le tout.
Rien que cette rocaille de marbre sous les pas
Cette poussière.
Et le bleu des colonnes noyées.

La mer a gagné sur la terre de Césarée.
Les rues de Césarée étaient étroites, obscures.
Leur fraîcheur donnait sur le soleil des places
l'arrivée des navires
et la poussière des troupeaux.
Dans cette poussière
on voit encore, on lit encore la pensée
des gens de Césarée
le tracé des rues des peuples de Césarée.

Elle, la reine des Juifs.
Revenue là.
Répudiée.
Chassée
Pour raison d'État
Répudiée pour raison d'État
Revient à Césarée.
Le voyage sur la mer dans le vaisseau romain.
Foudroyée par l'intolérable douleur de l'avoir
quitté, lui, le criminel du temple.

Au fond du navire repose dans les bandelettes blanches du deuil.
La nouvelle de la douleur éclate et se répand sur le monde.
La nouvelle parcourt les mers, se répand sur le monde.

L'endroit s'appelle Césarée.

All that remains is history
Everything.
Nothing but this marble rubble underfoot
This dust.
And the blue of the drowned columns.

The sea has crept in over the land of Caesarea.
The streets of Caesarea were narrow, dark.
Their coolness gave out onto the sun in the squares
ships arriving
and the dust of herds.
In this dust
we still see, we can still read the thoughts
of the people of Caesarea
the outline of the streets of the races of Caesarea.

She, the queen of the Jews.
Come back there.
Repudiated.
Cast out
For state reasons
Repudiated for state reasons
Coming back to Caesarea.
The journey across the sea in the Roman ship.
Stunned by the intolerable pain of having
left him, the criminal of the temple.

Down below in the ship reclining in the white bandages of mourning.
The news of the pain bursts forth and spreads across the world.
The news travels over the seas, spreads across the world.

The place is called Caesarea.

Cesarea.

Au nord, le lac Tibériade, les grands caravansérails de Saint-Jean-
    d'Acre.
Entre le lac et la mer, la Judée, la Galilée.
Autour, des champs de bananiers, de maïs, des orangeraies
les blés de la Galilée.
Au sud, Jérusalem, vers l'Orient, l'Asie, les déserts.

Elle était très jeune, dix-huit ans, trente ans, deux
mille ans.
Il l'a emmenée.
Répudiée pour raison d'État
Le Sénat a parlé du danger d'un tel amour.

Arrachée à lui
Au désir de lui.
En meurt.

Au matin devant la ville, le vaisseau de Rome.

Muette, blanche comme la craie, apparaît.
Sans honte aucune.

Dans le ciel tout à coup l'éclatement de cendres
Sur des villes nommées Pompéi, Herculanum

Morte.
Fait tout détruire
En meurt.

Césarée.

To the north, Lake Tiberias, the great caravanserais of Acre.
Between the lake and the sea, Judaea, Galilee.
Round about, fields of banana-trees, corn, orange groves
the wheats of Galilee.
To the south, Jerusalem, towards the Orient, Asia, the deserts.

She was very young, eighteen, thirty,
two thousand.
He took her off.
Repudiated her for state reasons
The Senate spoke of the danger of such love.

Torn away from him.
From the desire for him.
Dying from it.

In the morning before the city, the ship of Rome.

Speechless, white as chalk, she appears.
Beyond all shame.

In the sky suddenly ash bursting forth
Upon cities named Pompeii, Herculanum

Dead.
Has everything destroyed
Dies from it.

L'endroit s'appelle Césarée
Cesarea
Il n'y a plus rien à voir. Que le tout.

Il fait à Paris un mauvais été.
Froid. De la brume.

Césarée

The place is called Caesarea
Césarée
There is nothing left to see. But everything.

It's a poor summer in Paris.
Cold. Misty.

Caesarea

Janine Mitaud

Livre-poème (extrait)

Impitoyable saison de contrastes ;
fin des couleurs ;
neige et ténèbres se détruisent mutuellement,
marquent tour à tour le niveau d'angoisse.
  A quelques heures sensibles—que ce soit l'aube ou la chute jaune
du soleil—
le ciel se découvrit rivière cuivrée,
ses basses eaux vite absorbées.
  Puis le froid traçait une épure tragique
    où se prit le poète
et répandit son sang :
la poésie, le fleuve l'accepte et l'éternise.
  Que laisse-t-il de lui ?
la cohorte des cygnes leur chant de mort forclos ;
des couvées boréales qui n'exigeront plus d'aurore ;
    la liqueur nourricière, enfin, sombre,
dans les outres obscures et fortes
    du
        voyage :

un lundi soir,
    —depuis trois jours déjà, le poète courait vers le terme de ses
avalanches, se précipitant vers ses océans—un lundi soir, j'ai trébuché
moi-même quelques secondes
    dans le domaine interdit
dont il avait forcé la porte au prix de son règne terrestre, rejetant sa
beauté et son verbe à l'abîme.
    Ma substance oubliée, j'y devins un écran noir contenu dans un
châssis noir ;
    un tonnerre douloureux m'ébranla,

Poem-Book (extract)

Pitiless season of contrasts;
end of colors;
snow and darkness exchange destruction,
mark out in turns the level of anguish.
    At certain sensitive hours—whether at dawn or the yellow fall of
the sun—
the sky revealed itself as coppered river,
its low waters quickly sucked up.
    Then the cold mapped out a tragic design
    in which the poet became entangled
spilling her blood:
poetry the river embraces in eternity.
    What does it leave of her?
the throng of swans their foreclosed song of death;
boreal hatchings demanding no further dawn;
    the life-giving wine, finally, somber-hued,
in the strong dark water-skins
    of
        journeying:

one Monday evening,
    —for three days already the poet had been racing towards the term
of her avalanches, rushing towards her oceans—one Monday evening,
I myself stumbled for a few seconds
    into the forbidden domain
whose door she had forced at the expense of her terrestrial reign,
casting its beauty and its logos into the abyss.
    My very substance forgotten, I became a black screen contained
within a black frame;
    a painful thundering shook me,

la souffrance naissait d'en ignorer les causes ; visée par l'orage sonore
et indistinct, ma trame lui servait de support,
   et moi,
        sans langage.
Je tentai un effort ou plutôt quelqu'un l'assuma pour moi,
   et je perçus le bruit : voix d'abord, puis des intonations, des mots et
leurs sens.
On ne s'adressait pas à moi mais on parlait de moi ;
consciente d'entendre, je me mis à écouter dans un terrible
arrachement à ce monde que j'avais dérangé :
   je vivais par les rumeurs reconnues ;
ensuite je pus délimiter mon corps qui subsistait,
   je franchis une autre étape en formulant des paroles acceptées : on
me répondait.
J'étais revenue.
        Sans souvenir.
Après être partie fortuitement, la mémoire non préparée.
Je retrouvai le poids, la chair et l'avare amour quotidien.
Je n'avais traversé aucun ossuaire d'étoiles, aucune floraison
inverse.
Le poète était bien au-delà, ou dissous dans la connaissance,
dans l'incandescence universelle.

Un peu ivre, penchée sur l'air et l'eau,
je discernai seulement les branchies transparentes et vulnérables
                        du printemps.

*

L'univers de liège se dégrade ;
   des barques poreuses quittent le tronc ;
le cœur se dégage des nœuds spongieux
loin, la mer,
   fureur de neige becquetée,
      mouette
         que crucifient ses plumes.

suffering arose from not knowing its causes; focus of the unidentifiable
sound storm, the web of my being held it in place,
  and I,
      without language,
made an effort or rather someone took it up for me,
  and I perceived the sound: voices at first, then intonations, words
and their meanings.
  I was not addressed directly but was being spoken of;
    conscious of hearing, I began listening with a terrible sense of being
torn apart from the world I had disturbed:
    I lived by rumblings I recognised; then I was able to locate the
bounds of my body still present,
    I reached another stage formulating accepted speech: I received
answers.
    I had come back.
        Without remembering.
After leaving fortuitously, memory unprepared.
    I recovered weight, flesh and greedy everyday love.
    I hadn't travelled through any starry charnelhouse, any inverted
flowering.
    The poet was far beyond, or dissolved
      in knowing,
in universal incandescence.

  Lightly intoxicated, stooped over air and water,
  I discerned just the fragile, transparent gills
                              of spring.

*

The cork universe deteriorates;
  porous vessels leave the trunk;
the heart shakes loose from the spongy nodes
far away, the sea,
  a rage of pecked-over snow,
    a seagull
      crucified by its feathers.

Le jeune chat se lève dans la terre,
marche avec ses blessures ;
—au flanc, feuille de sang caillé—
secoue l'interminable sommeil de minuit, son tombeau.
S'il me rencontre, encore boueux de sa deuxième naissance, c'est
que je suis dans le monde des morts : la frontière a cédé.
Chaque objet, chaque bête
chante en se déchirant la substance et le sens ;
la distance irisée entre signe et matière
se pulvérise en oraisons.
On soupçonne enfin par éclairs
comment aimer les autres
plus que soi-même.

Des danses, des cyclones projettent l'espace,
riz brillant et dur,
brassé :
étoiles.
Au retour, le poème.
Il vit s'il me refuse,
et je l'anéantis, le ressuscite
en ce cri
sous lequel bat
l'immense respiration

*

Dire,
le mot le doit.
Dénoncer
la fosse,
le sang,
le coup,
le coup de grâce ;

The young cat rises up in the earth,
walks with its wounds;
—on its flank, a leaf of clotted blood—
shakes off the endless sleep of midnight, its tomb.
 If it encounters me, still muddied from its second birth, it is
because I am in the world of the dead: the frontier has yielded.
 Each object, each animal
sings substance and meaning as its tears itself asunder;
 the shimmering distance between sign and matter
 is crushed to powdery prayer.
One finally intuits in flashes
how to love others
 more than oneself.

Dances, cyclones project space,
 brilliant, hard rice,
churned about:
 stars.
Upon return, the poem.
It lives if it rejects me,
 and reducing it to nothing, I resurrect it
 in this cry
 beneath which pulses
 the vast breathing

 *

Say,
the word must.
Denounce
 the grave,
 blood,
the blow,
 the final blow;

le passage
de la chair au charnier.
Souffle, il se fait parole
et crève
la bulle de démence

Livre-poème

the movement
     from flesh to charnel-house.
   Breath, becoming speech
    and bursting
      the bubble of dementia

Poem-Book

La vie est un long meurtre . . .

La vie est un long meurtre
Notre sursis : la chair et le regard
   vulnérables de l'autre
Les oiseaux noirs de l'arrière-saison
Eteignent aux miroirs la lumière douteuse

De la pomme originelle
Demeure une substance brune et molle
Où se perd chaque fruit désormais informel
Teinté de sèves et de sang

Massacre des couleurs
Odeur des enfants morts des chevaux abattus
      des bêtes dépecées
      des arbres équarris
L'amour piétine et rêve dans les boues rougeâtres
Se blesse espérance dernière
Aux larmes des cristaux
Dont la vendange n'a que faire

La vie est un long meurtre

Poèmes cruels

Life is a long murder . . .

Life is a long murder
Our reprieve: the vulnerable flesh
   and gaze of the other
The black birds of late season
Switch off the dubious light of our mirrors

Of the apple of Eden
Remains a brown mushy substance
Wherein each fruit formless henceforth is lost
Tinted with sap and blood

Massacre of colors
Smell of dead children slaughtered horses
     animals cut to pieces
    trees felled and squared
Love flounders about dreaming in reddish muds
Last hope lies wounded
With its crystal tears
For which grape harvesting has no use

Life is a long murder

Cruel Poems

Dans ce cosmos déficient . . .

Dans ce cosmos déficient
s'effritent les étoiles
Se délitent conscience et confiance

Des réseaux d'inextricables voies lactées résonnent

Certitudes d'océans :
    ces orages violets de vin sel et safran

Toute pourriture est substrat d'un sacre

Poèmes cruels

Haute forêt

Haute forêt d'hiver délire dénuement de la neige
Avalanche et langage Scintillantes coulées des mots
Branches chamarrées Déchirure Chute lente des poèmes
Chuchotement d'ailes serrées qui se déploient Essor
D'un seul oiseau Verbe de plume et d'air
Chant du cygne-solstice Cri de cristal
Paroles acérées de toute lumière en décembre

Suite baroque

In this deficient cosmos . . .

In this deficient cosmos
Stars crumble away
Consciousness and confidence exfoliate

Networks of inextricable milky ways echo forth

Ocean sea certainties:
   the purple storms of wine salt and saffron

All rottingness is the substratum of a consecration

Cruel Poems

High Forest

High winter forest delirium destitution of snow
Avalanche and language Glistening word-flows
Adorned branches Ripping Slow fall of poems
Whispering of huddled wings unfolding Soaring
Of a single bird Logos of air and feather
Solstice-swansong Crystal-clear cry
Sharp speech of full light in December

Baroque Suite

Art poétique

Je veux que le poème signifie

Ténèbres de l'hérédité
Durs contours du présent
Aliment d'un vacillant futur

Lui et moi sommes liés
Il porte ma conscience et mon honneur

Responsable de lui
Ma morale et mon fruit
Je lui impose la forte syntaxe du sang
Agiles ellipses
Ruses suprêmes de la résurrection
Je signe les pactes entre les sons les sens
et la sensualité des mots

Si j'ai chance de créateur
la chair de l'émotion
Collera juste à l'ossature du langage
où scintille la moelle essentielle
Je pourrai
en pleine conscience et joie
mourir

Suite baroque

Ars Poetica

I want the poem to mean

    Dark shadows of heredity
    Hard contours of the present
    Food of a quavering future

    It and I are bound together
It bears my consciousness and my honor

    Responsible for it
    My ethics and my fruit
I force upon it the strong grammar of blood
    Nimble ellipses
Supreme tricks of resurrection
I sign the accords between sounds meanings
    and the sensuousness of words

If I have creator's luck
    the flesh of emotion
will stick right to language's framework
    where the essential core glistens
I shall be able
    in full conscience and joy
        to die

Baroque Suite

La poésie

Démence apprivoisée
par un sourire de raison

Pages

Langages

Lambeaux de séquoia
Cymbales de sel
Respiration du Pacifique

Mieux que les mots :
    Signes sylvestres
        ruses sereines
    de la mer

Pages

Poetry

Madness tamed
By reason's smile

Pages

Ways of Speaking

Shreds of sequoia trees
Salt cymbals
The breathing of the Pacific

Better than words:
   Woodland signs
     serene wiles
   of the sea

Pages

Venue de l'aube

La nuit gonfle les algues
altère l'opalescence des méduses

La première clarté
Cisaillée par les oiseaux
Pleut en lambeaux blancs sur
les plages

Le ciel s'embrase
réplique translucide d'un corps à feu
à sang

Je vois un promeneur averti
lire les passions incendiées
arpenter l'espérance

Pages

Coming of Dawn

Night swells up seaweed
Modifies the opalescence of jellyfish

The first light
Chiselled out by birds
Rains down in white shreds upon
          the beaches

The sky blazes up
translucent retort from a body of fire
          of blood

I see an experienced stroller
     reading the passions set on fire
          surveying hope

Pages

Hélène Cadou

Dans la course . . .

Dans la course du temps des temps
Demeure l'unique visage
Auquel toujours je me réfère
Pour garder mémoire au présent
Quand se gaspillent les images

C'est ton regard qui me conduit
Au travers d'épaisses futaies
C'est ta parole qui m'habille
Me donne couleur et clarté
A partir de toi je me parle
Tu tailles haut dans le désordre
De l'ennui du songe et des leurres

Dans l'instant où je te retrouve
Nos vies s'épousent de nouveau
Nous habitons même demeure
Ouverte sur l'été du monde
La terre au ventre chaud le ciel
Sans fin ni partage mortel

Alors tu me donnes les blés
Et cette minute hors du temps
Fontaine qui ne peut tarir
Accord de nos sangs rédimés
En larmes d'éternel printemps.

Poèmes du temps retrouvé

In the race . . .

In the race of the time of times
Remains the single face
To which ever I refer
To keep track in the present
When images are squandered

Your gaze it is that leads me
Through dense woods
Your speech that clothes me
Gives me color and clarity
From you do I speak myself
You cut high into the disorderly
Worries of dream and allurement

In the moment I find you
Our lives wed once more
We dwell in the same abode
Open upon the summer of the world
The warm-bellied earth the endless sky
Beyond mortal division.

Then you give me the wheat
And this minute out of time
Fountain that cannot run dry
Attunement of our bloods redeemed
As tears of eternal spring.

Poems of Time Recovered

Le corps est . . .

Le corps est confuse futaie
Où s'épaissit la parole
Dans l'indéchiffrable texture
De la chair à douleur et sang
Mais à fleur de peau la caresse
Esquisse le tracé d'un mot
Signe et saisie qui donne sens.

Poèmes du temps retrouvé

The body is . . .

The body is jumbled woods
Where speech grows dense
In the indecipherable texture
Of pain and blood flesh
But skin-deep the caress
Sketches the outline of a word
Sign and seizure giving meaning.

Poems of Time Recovered

A cœur ouvert...

A cœur ouvert
Notre vie
Comme un livre

Elle fut dictée
D'avance
Disais-tu
Avec le pâle effroi
D'un enfant qui s'étonne

Mais j'inverse les pages
Je déchire le temps

Car tes paroles s'illimitent
Dans le désordre de la grâce

Que m'importe l'histoire
Ses lettres de cachet

C'est aujourd'hui
Le feu la neige
Et l'écriture de ton corps

C'est aujourd'hui
que tu m'arrives
D'un pays sans frontières
Et sans commencement.

Poèmes du temps retrouvé

With open heart . . .

With open heart
Our life
Like a book

It was dictated
Before time
You said
With the pale fright
Of a child awed

But I reverse the pages
I shred time

For your words burst their bounds
In the disorder of grace

Of what interest history
Its royal seals

Today is
Fire snow
And the writing of your body

Today is
When you reach me
From a boundless land
Without origin.

Poems of Time Recovered

A la lisière . . .

A la lisière
Plus rien
Qu'un lointain bruit d'abeille

Un pas qui s'atténue.

Une feuille a quitté son arbre
Un reflet bascule sur sa rive

Le jour sacré
Afflue
Il n'y a plus d'attente
Au bord du vide

Tout est là
Dès le premier regard

Pleins feux
Sur l'éternel silence.

La Mémoire de l'eau

At the edge . . .

At the edge
Nothing more
Than a distant humming of bees

A footstep dimming away.

A leaf has left its tree
A reflection tips over on its shoreline

Sacred day
Floods in
There is no more waiting
At the void's edge

All is there
From the first glance

Full focus
Upon eternal silence.

Water Memory

La grande clarté . . .

La grande clarté
Qui t'est venue

En ce lieu

Dans la pauvre chambre
En ce jour
Du temps désigné

Cent fois
Tu l'as perdue
Trouvée

Perdue

Sans comprendre
Que jamais
Clarté
Ne fut si clairement donnée
Qu'au plus profond du manque

Ce givre
Ce sel
Ce rien
Au fond de ton poème

Dessille un monde
Pour toi sauvé.

La Mémoire de l'eau

The great clarity . . .

The great clarity
That came to you

In this place

In the poor room
Upon this day
Of marked time

A hundred times
You have lost it
Found it

Lost it

Without understanding
That never
Clarity
Was so clearly given
Than in the depths of lack

That frostiness
That saltiness
That nothingness
At the root of your poem

Opens up for you
A world saved.

Water Memory

Claudine Helft

Nous nous assemblerons . . .

Nous nous assemblerons sous ces arbres
qui nous ressemblent, et saignent
l'immémorial   le dos au ciel,
l'écorce arrachée,

                nous guetterons
la démesure des brasiers interdits ;
puis ajustant à la terre les nerfs de nos racines,
fuselant l'instant au jeu sévère
    de la feuille,

nous rassemblerons nos mots.

Et lorsque l'hiver viendra
chercher l'automne, nous partirons ensemble,
armée d'amours et de ramées.

Métamorphoses de l'ombre

We shall gather . . .

We shall gather beneath these trees
that are like us, bleeding
the immemorial   backs to the sky,
bark torn away,

            we shall watch for
the excesses of forbidden blazes;
then fitting to the earth our root nerves,
tapering the moment to the leaf's
    harsh play,

we shall gather up our words.

And when winter comes
to fetch the fall, we shall set off together,
an army of loves and leafy boughs.

Metamorphoses of Shadow

Il faudra s'arrêter . . .

Il faudra s'arrêter au regard
que les choses posent sur nous ;
au fantastique renoncement des saisons,
au fanatisme de l'arbre tenu
en ses secrètes racines,

au rire déhanché des branches
il faudra comprendre le plaisir du vent
et ce grand déploiement d'avant l'enfantement,
et cette attente brève
dont le geste se meuble et s'apaise ;

car tout s'accomplira
un jour de pluie, dans la tiédeur de la terre.

Métamorphoses de l'ombre

We shall have to dwell . . .

We shall have to dwell upon the gaze
things place upon us;
the incredible renunciation of seasons,
the fanaticism of trees contained
within their secret roots,

the swaying laughter of branches
we shall have to understand the wind's pleasure
and the great unfolding before birth,
and the brief awaiting
whose gestures fill out and subside;

for everything will find accomplishment
one rainy day, in the mildness of earth.

Metamorphoses of Shadow

Elle erre en cheveux blancs . . .

Pour Anna

Elle erre en cheveux blancs,
promène l'immense à pas menus,
se heurte au linteau du vide.
Elle a cessé pourtant d'attendre,
mais elle s'entête à essuyer le temps
avec un chiffon de sourires troué.

Métamorphoses de l'ombre

Question de Bleu . . .

Question de Bleu. Question de Liberté.
L'idée toujours semblable, la réponse
toujours la même.
Question de naviguer sans gouvernail
sur un espoir trop grand, une mer trop vaste.
Jeter l'ancre, impossible ; à terre
le portail reste fermé. Arrivée certaine.
Destination obscure, les pensées galèrent sur l'abrasif.
Ouvrir les voiles, et voir le vent venir.
Il n'est que le silence pour saluer les horizons absolus.
Il n'est que l'homme pour croire
à sa prison.

L'Infinitif du bleu

She wanders white-haired . . .

For Anna

She wanders white-haired,
strolls vastness falteringly,
bumps into void's lintel.
She has yet ceased to wait,
but she stubbornly wipes time
with a tattered cloth of smiles.

Metamorphoses of Shadow

A matter of Blueness . . .

A matter of Blueness. A matter of Freedom.
Always the same idea, always the identical
answer.
A matter of rudderless navigation
upon an oversize hope, an overly vast sea.
Casting anchor, impossible; on land
the portal remains shut. Certain arrival.
Obscure destination, thoughts toil over abrasiveness.
Let out the sails, and see the wind get up.
Silence alone can greet absolute horizons.
Man alone believes
in his prison.

Infinitive of Blueness

La preuve

Entre les deux bras de l'Ame, l'homme
d'un corps se passionne sur le corps de la femme.
Mais son amour n'est pas tant ce qui le porte,
et son amour n'est pas ce qui la force.

Il est ce bien venu d'ailleurs,
qui les a pétris d'un même levain,
et va lever en eux la manne du désir.
Leur désir n'est déjà plus partage,
mais ce mystère qui les effraie,
et qui les fera tout à l'heure grandir.

*

Leur désir n'est déjà plus ce qui les poussa
à n'être qu'un, mais cet enfantement
du même pleur étoilé au secret d'une dérive,
où l'anneau des morts a relié la vie à la Vie.

Ce qui les mêla dans leur ressemblance
est semence à écumer l'espace,
aube blanchie au départ vers le risque,
houle qui les roulera sur le pardon du jour
décidé malgré eux, et qui déjà
a fait de l'un la preuve de l'autre.

Le Monopole de Dieu

The Proof

Between the two arms of the Soul, man
of a body thrills over the body of woman.
But his love is not so much what bears him up,
and his love is not what constrains her.

It is this good come from elsewhere,
that has molded them with a same leavening,
and will raise within them the manna of desire.
Their desire is already beyond sharing,
but a mystery that frightens them,
and which will soon cause them to grow tall.

*

Their desire is already beyond what impelled them
to be but one, but the birthing
of the same starry tears at the heart of a drifting
in which the ring of the dead has bound life to Life.

What mingled them in their likeness
is semen to scour space,
a whitened dawn as they set off toward risk,
a swelling sea that will roll them along on the day's forgiveness
determined despite them, and that already
has made one the proof of the other.

The Monopoly of God

Silvia Baron Supervielle

Juste le temps . . .

juste le temps
d'apercevoir la table
de me tourner vers
le balcon les arbres
le fleuve avant
que mon regard ne
les efface

La Distance de sable

Rends-moi . . .

rends-moi la différence
entre le soleil et la pluie
ma vaste solitude
où je pouvais courir
rends-moi le ciel
les heures les années
une fenêtre

La Distance de sable

Just time . . .

just time
to glimpse the table
to turn towards
the balcony the trees
the river before
my gaze
erases them

Sandy Distance

Give me back . . .

give me back the difference
between sun and rain
my vast solitude
in which I could run about
give me back the sky
the hours the years
a window

Sandy Distance

Je ne sais plus comment . . .

je ne sais plus comment accompagner le fleuve
la boue violette remonte à la surface
l'écume tourbillonne dans le sable des crêtes
heurte la côte se décolle des pierres
devient jusqu'à l'horizon le courant
de son corps de crépuscule qui s'allonge
longe avec ses épaules brunes l'eau
de l'été étale au fond et la brise d'or
à ras qui passe entre les joncs et se repose
frôle les murs se jette dans ma mémoire
je ne sais plus comment écrire cette ville
du ciel tombe une épée qui se plante
les façades se penchent les rues s'écartent
je la vois sur ma main recouverte de soir
et de sang fait de ronces et d'espace de soif
je ne sais plus comment regarder cette terre
où s'enracine ma mort abandonnée
en me laissant partir autour sur les côtés
de sa poussière sans route qui retourne
pour me voir m'attendre me vouloir comment
oublier sa distance comment me souvenir
rien dans cette rive réelle qui me sillonne
n'emportera le rêve où je suis née

La Distance de sable

I no longer know how ...

I no longer know how to go with the river
purple mud rises to the surface
froth swirls around the sandy ridges
runs up against the shore comes unstuck from stones
embraces as far as the horizon the current
with its dusky body stretching low
runs brown-shouldered along the slack-bottomed summer
water and the flush golden breeze
passing between the rushes and resting
grazes walls emptying into my memory
I no longer know how to write this city
from the sky a sword falls earth-driven
building fronts lean over streets part
I see it upon my hand draped in evening
and blood made of brambles and thirsting space
I no longer know how to look upon this land
where my abandoned death lies rooted
leaving me to go around its dusty
borders with no road returning
to see me wait for me want me how can I
forget its distance how remember
nothing on this real shore ploughing through me
will carry off the dream where I was born

Sandy Distance

En soufflant . . .

en soufflant
à peine
sur les mots
froissés
dans l'âtre

L'Eau étrangère

Je remue mon reflet . . .

je remue mon reflet
pour entrer doucement
dans l'eau invisible
allongée sur la page
pour rêver d'y trouver
le visage qui manque
pour dessiner un pays
sans savoir sa forme
et accorder une voix
à un autre profond
arpège démuni

L'Eau étrangère

Blowing . . .

blowing
hardly at all
upon words
crumpled
in the hearth

Foreign Water

I stir up my reflection . . .

I stir up my reflection
to gently enter
the invisible water
stretching across the page
to dream of finding there
the missing face
to draw a land
without knowing its shape
to attune a voice
to another deep
stripped arpeggio

Foreign Water

Entre espace . . .

entre espace
et terre
voix et vide
mot et vent
de l'écho
inachevé

L'Eau étrangère

N'appelle plus à soi . . .

n'appelle plus à soi
personne ni feu perdu
sans vent dans la forêt
ni branches en attente
de la saison irrévélée
les salves du brisement
n'annoncent que la mer
et sur la ligne l'éclair
ne désigne que l'ombre
nul crépuscule ne verse
sa face d'or en loques
de ce ciel à un autre
nulle énigme ne brise
le pacte de résister
à signes et à sons

L'Eau étrangère

Between space . . .

between space
and earth
voice and void
word and wind
of the unfinished
echo

Foreign Water

Nobody calling now . . .

nobody calling now to come
nor lost fire
windless in the forest
nor branches awaiting
the unrevealed season
the salvoes of breaking waves
announce but the sea
and on the line lightning flash
designates but shadow
no dusk pours down
its tattered golden face
from this sky to another
no enigma breaks
the pact of resistance
to signs and sounds

Foreign Water

Marie-Claire Bancquart

Hors

Infinitive et douce
parole de forêt
vendange des sucs dans la terre.

Entre résine et sang
le soleil attendri des feuilles
filtre un long rêve sur ces verbes
dont on chuchote
sans passé ni futur
un acte sans défaut :
boire
vivre
joindre son corps aux aiguilles de pin.

Couché à moitié hors de soi
on est une seconde d'arbre heureux.

Opéra des limites

Out

Infinitive and gentle
forest speech
harvest of juices in the earth.

Between resin and blood
the fond sun of leaves
filters through a long dream upon these verbs
whose faultless act
is whispered
beyond past and future:
drinking
living
joining one's body to pine needles.

Spread out half outside oneself
one is an instant of tree-bliss.

Opera of Limits

Question

Je te donne
les rayures du chat
le soleil en éclats sur la montagne maigre

tout ce que j'ai autour de nous

qui ne m'appartient pas
sinon par un écho de la terre commune.

Un jour j'aurai à dire :
en ce monde
je ne verrai plus ton visage.

Parole d'impasse

fondamentale insoumission
de la nature à l'homme.

Je voudrais bouturer mon œil
fragmenter
enfoncer un peu dans l'humus

récolter vingt regards

t'habiter
d'une voyance interminable.

Opéra des limites

Question

I give you
the cat's stripes
the sun bursting upon the lean mountain

all I have around us

which does not belong to me
unless through an echo of the common earth.

One day I shall have to say:
in this world
I shall not see your face again.

Dead-end language

basic insubordinacy
of nature to man.

I should like to plant cuttings of my eye
fragment
thrust into the shallow humus

harvest twenty gazes

dwell within you
in endless seeing.

Opera of Limits

Opéra des limites

I

Les choses
tournent regard vers nous
qui méritons lentement leur tendresse.

Nous rejoignons à bout de doigts une primevère sur la table
une laine au bruit mat.

La parole
à côté
nous accompagne.

II

Contemplant notre terre
comme puits à tessons
où le dieu moins eut permission du dieu un peu moins
pour en finir avec le bris de sa création maladroite
nous attendons le bang inverse
qui nous fera passer vers l'étoile de mer.

Et le plus vrai de notre vie
s'attache au carrelage abîmé de la cuisinière
où nous avons brûlé ce soir nos lettres d'amour.

Opéra des limites

Opera of Limits

I

Things
turn gaze upon us
who slowly merit their tenderness.

We reconnect at our fingertips with a primrose on the table
a woollen with its dull sound

Speech
which is there too
accompanies us.

II

Contemplating our earth
like a pit of glass shards
in which the minus god obtained permission from the slightly
   minus god
to wrap up the shattering of his clumsy creation
we await the reverse bang
that will carry us to the starfish.

And the truest part of our life
sticks to the damaged tiling of the stove
on which we burned tonight our love letters.

Opera of Limits

Lacet de syllabes . . .

Lacet de syllabes tendu
de l'oiseau à notre parole.

L'intervalle
joue contre nous. Musique et manque.

Un dieu majeur épie la ténèbre des choses.

Sur elle
rougeoient cependant quelques mots.

Où notre main se baigne dans leur flamme
nous pouvons éclairer le visage de notre amour.

Ainsi dans un étroit tableau le personnage
qui regarde une lampe au-delà du cadre et sourit.

Végétales

Snare of syllables . . .

Snare of syllables set
by the bird for our speech.

The interval
works against us. Music and lack.

A major god spies upon the darkness of things.

Above it
however a few words glow red.

Where our hand bathes in their flame
we can illuminate the face of our love.

Thus in a narrow painting the character
who looks at a lamp beyond the frame and smiles.

                                          Plant-like

Les murs sont travaillés . . .

Les murs sont travaillés d'espoir
par le dieu
que regardent les yeux des tableaux.

On tâte en rond avec la langue
le piano intime des dents

on goûte un vieux langage de prière.

Ce sont trajets de présence dans notre corps : des jubilations en
rameaux, réciproques du vent qui barre et débarre notre marche.
Archipels, dans l'irrepérable de nous. Captures, d'un oiseau l'autre,
parmi tel feuillage en pénombre. Des étés tremblants nous reviennent.

Dans la pièce où descend une fourrure de ciel, ces yeux anciens,
scintillement d'éteules, pénètrent délicatement notre règne. Par eux,
nous regardons une avancée de fleurs sur l'aride espace de ville.

Végétales

The walls are worked . . .

The walls are worked over with hope
by the god
whom the eyes of paintings gaze upon.

We feel our way about with the tongue
the intimate piano of teeth

we savor an old language of prayer.

Journeys of presence in our bodies: branchlike jubilations, given back
to us by the wind barring and unbarring our walk.
   Archipelagoes, in the unmarkable space within us. Capturings, of
birds amongst themselves, amidst a certain half-lit leafiness.
Trembling summers haunt us.
   In the room in which the sky's furriness alights, these ancient eyes,
glittering with stubble, softly penetrate our reign. Through them, we
watch an advancing of flowers upon the arid city space.

Plant-like

Tacite

Fidèle à la verdeur qui veille en la cerise
notre cœur
lavé dans le soir
hiberne l'énigme.

On ne commence pas les hymnes.

On attend que la nuit exaltant le pain sur la table
rassemble le goût de l'été.

Dans une obscurité de bouche
toutes les rumeurs se recueillent.

Le poivron frais l'olive
deviennent offrande
pour le dieu pressenti.

Sans lieu sinon l'attente

Tacit

Faithful to the greenness lying in watch within the cherry
our hearts
washed in the evening
winter over the enigma.

We do not begin hymns.

We wait for night exalting the bread upon the table
to gather the taste of summer.

In the mouth's darkness
all rumblings collect themselves.

The fresh pepper the olive
become an offering
for the intuited god.

Without Place But For Our Waiting

Terre

Sur la terre gavée d'ombres, avions et trains, nous avançons vers des indices.

Vieux chemins tatoués!

Changeant, l'esprit du sol. Il ajourne d'anciennes grottes à sorcières. Il émerge, à des voyages de distance.

A ce dieu vagabond, un cheveu, un œuf, un effleurement de main valent allégeance.

Parfois, nous connaissons la perfection des choses. Nous encerclons un étroit âge d'or :

l'anneau qu'on passe au doigt des défuntes?

une illusion, qu'il nous faudrait célébrer comme la lumière et la laine—chaude, évidente, passagère ?

Sans lieu sinon l'attente

Earth

Upon the earth glutted with shadows, planes and trains, we move forward towards signs.

Old tattooed paths !

The spirit of the ground, changing. Adjourning former witches' caves. Emerging, in journeys of length.

For this wandering god, a hair, an egg, a hand's light stroking fetch allegiance.

Sometimes, we know the perfection of things. We wrap around a tight golden age:

the ring slipped onto the fingers of deceased women?

an illusion, that we should celebrate like light and wool— warm, obvious, fleeting?

Without Place But For Our Waiting

Sans lieu sinon l'attente

La graine s'ouvre
au point précis de toute graine.

Le merle sur le nid
se fixe en espace palpable.

Mais nous à la dérive
nos mains réunies sans mots pour prier
s'écartent vers le haut
laissant passer un grand corps d'ange timonier.

Nous glissons à sa suite
sans lieu sinon l'attente.

Sans lieu sinon l'attente

Without Place But For Our Waiting

The seed opens
at the exact spot on every seed.

The blackbird on its nest
settles in palpable space.

But we adrift
our hands joined without words for prayer
parted at the top
letting by a great quartermaster angel body.

We slip along after it
without place but for our waiting.

Without Place But For Our Waiting

Vers l'oracle

Chaque matin nous repartons parmi les dieux dessaisis.

Nous en habillons un, très modeste,
dieu de la serrure ou du pain tendre.

Bonjour, notre bonheur à la houppelande reprisée.

Tu gardes les désirs qu'eut Lazare dans son linceul :
palmier en chambre, œuf au milieu du linge plié menu,
envie de boire au ventre immense de la baleine.

Nous tâtons tout le jour cette petite douceur de vivre
passage
vers l'oracle.

Dans le feuilletage de la terre

Towards the Oracle

Each morning we set off again amongst the disseized gods.

We dress up one, quite simply,
god of the lock or fresh bread.

Hello there, our patched great-coat happiness.

You retain the desires of Lazarus in his shroud:
a palm-tree by the bed, an egg in amongst the washing folded small,
the impulse to drink in the whale's vast belly.

All day we finger the small sweetness of living
a way through
to the oracle.

In the Flakings of the Earth

Viens, le dieu (extrait)

Elle entonne l'aleph de la déploration
et
sur cette première lettre
longuement module.

Aleph
commencement du sixième jour
vers la fibre des nerfs
le sang mince jeté dans le visage de Dieu,
l'homme et la femme, déjà ces fins du fin de la fatigue
exhalés depuis l'infini des eaux.

La lumière avait reçu nom.

La nuit ne bercerait plus cette douceur inusable, les ténèbres
mais une avidité séparée, mangeuse de vivants.

Vainement la chanteuse essaie d'atteindre
l'avant-aleph, qui serait la vraie leçon des ténèbres.

Les mots sont ici.
La déploration court vers mem et nau.

Cesse ton chant.

Exhale
ton manque même, ton scandale.

Ta distance de vie s'étend au moins sur un arpent d'oiseaux.

Come, the god (extract)

She intones the aleph of lamentation
and
upon this first letter
modulates at length.

Aleph
beginning of the sixth day
towards the nervous fiber of things
the thin blood thrown in the face of God,
man and woman, already the subtlest of creatures of fatigue
breathed out from the infinity of waters.

Light had been named.

Night would no longer rock to sleep that tough sweetness, the dark
but a separate greed, eating the living.

In vain the woman singing tries to reach
the pre-aleph, which would be the real lesson of darkness.

The words are here.
Lamentation runs towards mem and nau.

Cease your song.

Breathe out
your very lack, your scandalousness.

Your life-span stretches over at least an acre of birds.

Inversant, possédant, dominant,
exhale.

L'ombre des feuilles est comme
la certitude clandestine du bonheur dans un lit de malade.

D'exil, de presque rien se forme un paysage.

Prête
au dieu
tes miettes de joie.
" Domine quo vadis ? "
—Vers l'amour saxifrage
vers le silence
qui frotte
un roulis d'ailes sur le vent,
viens, le dieu. Je te donne la main.

Dans le feuilletage de la terre

Inverting, possessing, dominating,
breathe out.

The shadow of leaves is like
the secret certainty of happiness in a sick-bed.

Of exile, of almost nothing is a landscape formed.

Lend
to the god
your crumbs of joy.
"Domine quo vadis?"
—Towards the saxifrage love
towards the silence
that rubs against
a churning of wings upon the wind,
come, the god. I give you my hand.

In the Flakings of the Earth

Jardinier

Derrière la porte
l'invisible lèche
le moindre fruit, le soleil ordinaire.

Sans miracle, sans cri,
l'écorce se soulève sur le frémissement des insectes
pour dire : corps, vieil arbre
écoute les tambours de leur sang incolore.

Mêle tes mains et le jardin.

Frappe les secondes. Ouvre !

Dans le feuilletage de la terre

Gardener

Behind the door
the invisible licks at
the merest of fruit, the ordinary sun.

Without miracle, without a cry,
bark lifts above the quivering of insects
so as to say: body, old tree
listen to the drums of their colorless blood.

Mingle your hands with the garden.

Strike the seconds. Open up!

In the Flakings of the Earth

Vénus Khoury-Ghata

Poète

Tu auras pour cité les frontières du silence
pour automne les mots qui jaunissent dans ta bouche
pour épouse la soif qui sort de son linge délirante et nue

Tu nourriras d'oiseaux l'asphalte des villes
de l'argile de tes mains tes phrases

et pour mourir
tu t'allongeras jusqu'aux plus lointaines limites de ta peau

Au sud du silence

Je reviens de toi . . .

Je reviens de toi broussailleuse déserte
la bouche traversée de mots caillouteux

Nous épelions le nom des heures pour peupler le silence
et clouions nos gestes en forme d'ailes pour semer notre peur

Je reviens de toi aussi nue que source
portant mes nœuds dans mes flancs tel un chemin

Je reviens de toi plus rampante que la soif

Au sud du silence

Poet

Your city will be the frontiers of silence
Your autumn words yellowing in your mouth
Your wife will be thirst shedding its linens delirious and naked

You will feed birds to the tarmac of cities
the clay of your hands to your wordings

and to die
you will stretch out to your skin's farthest limits

South of Silence

From you I return . . .

From you I return bushy deserted
my mouth shot through with pebbly words

We spelled out the names of hours to people silence
and nailed our gestures like wings to strew our fear

From you I return naked as a spring
bearing my knots like a path in my stomach

From you I return more rampant than thirst

South of Silence

Un jour après sa mort . . .

Un jour après sa mort
elle plia le miroir et la toile d'araignée
puis ligota son lit qui cherchait à s'évader

Le deuxième jour
elle remplit ses poches de cailloux
jeta du sel par-dessus l'épaule de sa maison qui s'étrécissait à
   mesure qu'elle s'éloignait

Le troisième jour
elle injuria les pigeons qui picoraient ses larmes
croqua un raisin qui éparpilla son duvet dans sa bouche
puis appela jusqu'au couchant cet homme parti en transhumance
pieds nus
sur les hauteurs des alpages nuageux

Le quatrième jour
un troupeau de buffles envahit son rêve
Ils réclamèrent leurs cornes montées en pyramide
par ce chasseur qui parlait leur dialecte

Elle épaula son cri
tira une salve
qui fit des trous dans son sommeil

Le cinquième jour
des semelles de sang s'imprimèrent sur son parquet
elle les suivit de porte en porte
jusqu'à cette fosse où les choses ont une odeur de lièvre désossé

One day after his death . . .

One day after his death
she folded the mirror and the cobweb
then lashed down his bed as it sought to escape

The second day
she filled her pockets with pebbles
threw salt over the shoulder of her house that shrank
as she walked away

The third day
she swore at the pigeons pecking at her tears
munched a grape that spread its fur in her mouth
then called out until sunset to the man gone in transhumance
bare-foot
over the high cloudy pastures

The fourth day
a herd of buffalo invaded her dream
They demanded back their horns hung in a pyramid
by the hunter who spoke their dialect

She levelled her cry
fired off a volley
making holes in her sleep

The fifth day
soles of blood left their prints across her floor
she followed them from door to door
to the dug pit where things smell like boned hare

Le sixième jour
elle peignit son visage de terre
attaqua l'ombre paisible des passants
se convertit en meute
étrangla les pigeons
Leur sang se volatilisait au contact de ses mains

Le septième jour
des hommes filiformes poussèrent dans son jardin
elle les prit pour des peupliers
mordit leur écorce
but leur glu
puis vomit douloureusement des copeaux de bois

Le huitième jour
la mer hennit à sa porte
elle lava les quais de ses hanches
frotta digue de son ventre
puis cria jusqu'à l'embouchure
où une foule aux visages de galets l'attendait

Le huitième jour
un chemin frileux frappa à sa porte
elle l'installa devant son feu éteint
et partagea avec lui son repas de graviers

Le neuvième jour
elle sécha le sel de ses larmes
puis les mit à sécher sur son toit
entre le basilic et le brouillard en herbe
pour nourrir son âme affamée

Le dixième jour
elle se mira dans les pierres
trouva à ses lèvres une texture friable
nota dans ses yeux des lézardes
pareilles à celles des vitraux

The sixth day
she daubed her face with earth
attacked the peaceful shadows of people going by
transformed herself into a pack of dogs
throttled the pigeons
Their blood vanished as it touched her hands

The seventh day
thread-like men pushed their way into her garden
she mistook them for poplars
bit into their bark
drank their gum
then painfully vomited wood shavings

The eighth day
the sea whinnied at her door
she washed the wharves with her hips
rubbed dike with her belly
then cried out to the river mouth
where a pebble-faced throng was waiting for her

The eighth day
a chilly road knocked at her door
she set it before her fire gone out
and shared with it her meal of gravel

The ninth day
she dried the salt from her tears
putting them to dry upon her roof
between the basil and the budding fog
to nourish her starving soul

The tenth day
she gazed at herself in the stones
thought her lips had a crumbly texture to them
noticed chinks in her eyes
like those in stained glass windows

Le onzième jour
elle suivit un cierge
alluma un cyprès
Elle avait cette manière de traîner son corps comme un chien qu'on
  cherche à égarer

Le douzième jour
des mouettes se posèrent sur son seuil
elles picorèrent les graines de ses seins
ensanglantèrent son duvet
puis s'envolèrent sur leur cri

Le treizième jour après sa mort
Il surgit de ses mains
s'assit sur ses paumes
réclama à boire ses mots coutumiers et cette odeur d'amande de ses
  aisselles

Il les ingurgita sans plaisir
son voyage lui avait fait perdre le goût de l'eau écartelée

Un faux pas du soleil

The eleventh day
she walked behind a candle
lit a cypress tree
She had that way of dragging her body along like a dog
one is seeking to lose

The twelfth day
seagulls alighted on her doorstep
they pecked at the seeds of her breasts
bloodying her down
then flew off in full cry

The thirteenth day after his death
He sprang forth from her hands
sat down on her palms
called for refreshment her customary words and the almond smell
    of her armpits

He swallowed them down without pleasure
his journey had made him lose his taste for tortured water

A Slip of the Sun

Qui peut parler . . .

Que peut parler au nom du jasmin ?
quand le tonnerre fait éclater le tympan des vieilles herbes
et que la pluie
plus basse que luzerne
lotit la terre en d'infinis étangs
quand le soleil enfermé derrière les grilles
se contente d'assister en spectateur

Qui parle au nom du jasmin

La femme au milieu . . .

La femme au milieu de son territoire
s'accroupit face au soir
et pondit quatre pommes de pin

Personne n'entendit le cri qui sépara ses flancs de ses os
personne n'essuya la sueur qui inonda le front des étoiles
personne n'osa demander au chemin qui l'avait croisée
de ramasser les miettes de sa douleur

Personne n'osa réclamer du lait au peuplier
ou du linge à l'étang
pour la nichée qui roula sur ses écailles
avant d'aller alimenter les feux du couchant

Monologue du mort

Who can speak . . .

Who can speak in the name of jasmine?
when thunder bursts the eardrum of old grass
and rain
lower than lucern
divides the earth into infinite pools
when the sun locked away behind railings
is content to look on as a spectator

Who Speaks in the Name of Jasmine

The woman in the midst . . .

The woman in the midst of her territory
squatted down facing the night
and laid four pine cones

No one heard the cry that separated her sides from her bones
no one wiped the sweat flooding the forehead of stars
no one dared ask the road that had met her
to pick up the crumbs of her pain

No one dared ask the poplar for milk
or the pond for fresh linen
to give to the brood rolling about in its flakings
before going off to feed the fires of sunset

Dead Man's Monologue

Tu sais que la montagne . . .

Tu sais que la montagne s'accroupira sur ton champ
le jour de passation des pouvoirs entre les siècles

Elle monte la garde autour d'une ronce
surveille l'itinéraire d'un soleil suspendu à rien

Tu dialogues avec elle par caillasse et cris
que vous renvoyez de cime en gosier
et de bras en versant

Tu chasses à coups de hache les esprits terrés dans ses frondaisons
elle piétine ton miroir d'eau et boit les lunes qui le traversent

Vous vous battez à coups d'incendies
mais vous réchauffez au même feu
vous rompez la même argile
mais vous empoignez pour le moindre ruisseau

Tu la laisses gesticuler face à ta porte
sachant qu'elle sera là quand ton cœur sera un amas de glaise
pour déployer tes os en cercle clos

Fables pour un peuple d'argile

You know that the mountain . . .

You know that the mountain will squat down in your field
the day of transfer of power between centuries

It stands guard over brambles
surveying the itinerary of a sun hanging by nothing

You converse with it in scree and cry
echoing from tree-top to gullet
from arm to hillside

You chase off with hatchet-blows the spirits dug into its foliage
it tramples your water mirror and drinks moons crossing through

You fight each other fire upon fire
yet warm yourselves in the same flames
you break open the same clay
yet come to blows over the merest stream

You leave it gesticulating before your door
knowing it will be there when your heart is a heap of loam
so as to lay out your bones in tight circle

Fables for a Clay People

Tu as des esclaves pour moudre . . .

Tu as des esclaves pour moudre ton gravier
des femmes pour cuire ton argile et gonfler ton miel

Des grappes d'ail pendent à ton plafond pour éloigner les morts
   rancuniers
Tu les reconnais à leurs empreintes froides
à ces noms d'un seul chiffre qui font gémir les portes

Tu es riche en larmes et en ancêtres
un troupeau de nuages rumine dans ton étable

Tu es le maître du feu et des abeilles
l'arbre dont tu lèches les plaies s'allonge jusqu'au soleil

Des vents immobiles clôturent ton champ

Fables pour un peuple d'argile

You have slaves to grind . . .

You have slaves to grind your gravel
women to bake your clay and swell your honey

Garlic clusters hang from your ceiling to keep away the spiteful
  dead
You recognise them by their cold footprints
those single-figure names which make the doors creak

You are rich in tears and ancestors
a herd of clouds chews away in your stable

You are the master of fire and bees
the tree whose wounds you lick stretches up to the sun

Motionless winds fence in your field

Fables for a Clay People

Salut Toltèque...

Salut Toltèque venu de Tula pour éprouver la compassion de la
    planète
Ton nom sonne comme débris de silex
comme hochet d'enfant

On te traîne dans l'apesanteur des chambres
on évacue ton cœur face au feu qui s'accroche aux murs
et d'une famille d'iguanes

Le prêtre lie tes poignets avec ton sang
puis recule dans ta douleur
Le blé entend ton cri et alerte le gardien du temple
Le monde hurle dans ta bouche depuis mille ans
ses vents gesticulent dans tes bras évaporés
Pourtant à un lancer de pierres Uxmal repeint ses tombes
et lave à grande eau ses morts multicolores

Vautours et femmes d'Uxmal ont le même duvet dru
même façon de racler le sol de leur ventre
Vautours et femmes d'Uxmal se partagent le fond des calebasses
en t'écoutant siffler ton cœur tel un merle moqueur

Fables pour un peuple d'argile

Hail Toltec . . .

Hail Toltec come from Tula to test the planet's compassion
Your name rings out like flint pieces
like a child's rattle

They drag you off into the weightlessness of chambers
They tear out your heart before the fire clinging to walls
and a family of iguanas

The priest binds your wrists with your blood
then steps back into your pain
Wheat hears your cry and alerts the temple warden
The world has been screaming in your mouth for a thousand years
its winds gesticulate in your vanished arms
Yet upon a casting of stones Uxmal paints over its tombs
and washes clean its multicolored dead

Vultures and Uxmal women have the same thick down
same way of scraping the ground with their bellies
Vultures and Uxmal women share the last drops of calabashes
listening to you whistle after your heart like a mockingbird

Fables for a Clay People

Ma mère s'aventurait . . .

Ma mère s'aventurait si loin dans ses rêves
que nous retrouvions vide son lit
même ses draps qu'elle emportait dans ces lieux
qu'elle foulait de ses pieds endormis

Ma mère entassait dans ses rêves
des chasseurs craintifs
et des fusils
des voleurs aphones et des alouettes

Ma mère rentrait épuisée de ses randonnées
où elle perdait son âme
et ses bagues
qu'elle retrouvait sous son oreiller
avec l'itinéraire illisible de son sommeil

Mon anthologie

My mother ventured . . .

My mother ventured so far forth in her dreams
that we found her bed empty
even her sheets she carried off to those places
she trod with her sleeping feet

My mother heaped up in her dreams
fearful huntsmen
and rifles
and voiceless thieves and skylarks

My mother returned home exhausted from her outings
in which she would lose her soul
and her rings
which she found under her pillow
along with the illegible itinerary of her sleep

My Anthology

Anne Teyssiéras

Quand les eaux ...

Quand les eaux se retirent
le sol rendu à l'air demeure impraticable
La mort y souffle un venin pâle
et brise entre ses dents les écorces de
la mémoire

Le Pays d'où j'irai

Emergeant des houles blanches ...

Émergeant des houles blanches
l'aiguille se plante à l'angle du
temps
et détruit une vivante

Le pays d'où j'irai

When the waters . . .

When the waters draw back
the ground returned to the air remains unworkable
Death blows upon it a pale venom
and crushes in its teeth the rinds of
 memory

The Land from which I Shall Go

Emerging from the white swell . . .

Emerging from the white swell
the needle pierces deep in the angle of
 time
destroying a living woman

The Land from which I Shall Go

La voix ne monte . . .

La voix ne monte que pour atteindre
une absence de couleur
Sous l'arcade charbonneuse
surgit une forêt noyée
Les doigts lâchent prise
Le noir envahit les feuillages
La chute commence où finit l'élan

Le Pays d'où j'irai

Dans cette nuit minérale . . .

Dans cette nuit minérale où leur tête
s'engloutit
il n'y a de temps pour crier
que l'ouverture d'un compas balayant
tous les hasards
Leurs gestes ne s'atteignent pas
Ce qui est intérieur à la solitude
oppose du froid

Le Pays d'où j'irai

The voice rises . . .

The voice rises merely to attain
    an absence of color
Beneath the sooty archway
A drowned forest surges forth
Fingers let go
Blackness sweeps through the foliage
The plunge begins where the thrust leaves off

The Land from which I Shall Go

In this mineral night . . .

In this mineral night swallowing up
    their heads
the only time to cry out
is the opening of a compass sweeping away
    all contingency
Their gestures fall short of one another
What lies within opposes coldness
to solitude

The Land from which I Shall Go

Les clavicules de Minho (extraits)

En s'identifiant à l'objet auquel il aspire sans cesse le poème change
le manque en plénitude et pose le détour comme étant le plus court
chemin d'un point à un autre.

Le poème du détour, comme le détour du poème, s'égare dans
l'infini de la répétition.

Les ronces ont envahi les chemins de ta vie.

Seule l'intuition te guide à travers *la forêt des symboles* . . .
quelquefois c'est à peine une lueur dans le brouillard . . . Mais à
d'autres moments tu te sens vivre avec une telle intensité que tu
t'étonnes de ne pas te voir apparaître dans la lumière.

*

Le poème ne saurait vouloir quoi que ce soit hors l'instant de son
écriture.

Il s'accouple à lui-même en aggravant son propre vide. Chaque mot
y connaît le vertige des gouffres.

*

Poème : nuage en trompe-l'œil plissé sur l'horizon.
Maquillage de la mort.
Bulle de savon égarée de l'autre côté du miroir.
Blancheur traçante et retombée d'écume, unies au cri désaccordé
d'un paon.
Balisage du noir.
Regard de JE dans l'œil de l'AUTRE.

The Clavicles of Minho (extracts)

By identifying with the object to which it endlessly aspires the poem changes lack to fullness and sets up detour as the shortest path from one point to another.

The poem of detour, like the poem's detour, loses its way in the infinity of repetition.

Brambles have overgrown your life's roadways.

Intuition alone guides you through *the forest of symbols* . . .
sometimes it is barely a glimmer in the fog . . . But at other times you feel yourself living with such intensity that you are amazed not to see yourself fully visible in the light.

*

The poem couldn't want anything whatsoever beyond the moment of its writing.

It mates with itself, worsening its own void. Each word experiences the dizziness of the chasm.

*

Poem: trompe-l'œil cloud puckered up on the horizon.
Death's make-up.
Soap bubble straying through to the other side of the mirror.
Running whiteness and frothy frieze, joined with the out of tune cry of a peacock.
Marking out of blackness.
Gaze of I into the eye of the other.

Revanche contre un mal que le poète perd de vue.
Ver luisant que la nuit capture.
Survivance masquée d'un doute.
Hémorragie.

*

Au contact de son auteur tu ressentiras l'imposture de toute œuvre d'art.

*

L'amour irréalisable trouve dans le poème son espace vital. Là il respire, s'enivre, se réalise par défaut.

*

Un poème est toujours complice de la mort.

*

En émergeant des eaux du moi le je encore ruisselant ramène ces lambeaux innommables dont va se nourrir le poème.

Ce qui nourrit affame : le poème est un réflexe coupé de son centre vital.

*

Le poème est un déplacement non un aboutissement.

*

L'œuvre d'art n'est pas un viatique, elle est à chaque fois le symptôme aggravé de ce mal qui l'inspire.

Revenge for some hurt the poet loses sight of.
Glow-worm captured by night.
Survival masked by doubt.
Hemorrhage.

*

Meeting its author you will feel the imposture behind any work of art.

*

Unrealizable love finds its vital space in the poem. There it breathes, becomes intoxicated, finds realization by default.

*

A poem is always death's accomplice.

*

Emerging from the self's waters, the still streaming I brings back the unnameable shreds the poem will feed upon.

What nourishes starves: the poem is a reflex cut off from its vital center.

*

The poem is a displacement, not a final outcome.

*

The work of art is not a viaticum, it is each time the worsened symptom of the malady inspiring it.

L'espace du poème est précisément ce qui te sépare de la guérison. Il y a toujours entre deux êtres, même très rapprochés, une immensité à franchir, à combler de soi . . .

*

Mais ce manque au centre du jour te remet sans cesse avec toi : *là où tu n'es pas.*

*

Une nécessité de la poésie serait d'être "féminine". En elle s'anéantirait la relation du sujet à l'objet, du maître à l'esclave : elle entraînerait le poète à s'identifier librement à Celle qui se nomme en lui.

*

Toute représentation mentale est le lieu d'une vacance.

Aux questions qui s'inscrivent dans les plis de ton destin le poème oppose des réponses DIFFÉRÉES.

*

L'élan spirituel est un moment du corps.

*

Écrire rend fou car des actes voudraient accompagner les mots, des gestes vivre les formes . . .
Tel est le lot du poète : entretenir l'illusion d'une adéquation entre le geste et la parole en des œuvres où s'altère sa propre réalité.
Lorsque l'illusion disparaît il lui semble ridicule d'avoir à compter

The space of the poem is precisely what separates you from recovery. Between two beings, even very close, there is always a vastness to be traversed, to be filled in with self . . .

*

But the lack at the center of the day endlessly puts you back with yourself: *exactly where you aren't.*

*

An intrinsic aspect of poetry would seem to be its "feminineness." Within it the relation of subject to object, master to slave, would seem to be abolished: it would seem to involve the poet in freely identifying with Her named within him or her.

*

All mental representation is a place of vacancy.

To the questions inscribed in the folds of your destiny the poem opposes DEFERRED answers.

*

Spiritual upsurge is a moment of the body.

*

Writing drives one mad, for acts would like to go along with words, gestures live out form . . .
Such is the poet's lot: maintaining the illusion of an equivalency between gesture and speech in works in which her own reality shifts. When illusion disappears it seems ridiculous to her to have

avec des *images*, fantasmes de ses heures creuses, épaves au creux de la vague . . .

*

L'œuvre, née du manque, comble illusoirement le manque.

*

Force la poésie à montrer son squelette. Le rire délivre. Tu l'entends qui éclate sans pouvoir se fixer entre l'adhésion et l'insulte, teinté de cet humour facile qui est la pente la moins tragique du désespoir.

*

Poème : émergence de l'être hors de son champ vital, comme effraction de la présence sur un terrain où ne s'affrontent que des absents.

Par cet abus de confiance le poète ne saurait être quitte envers son lecteur.

Les Clavicules de Minho

to rely upon *images*, the phantasms of her off-peak hours, the
flotsam in the trough of the wave . . .

*

The finished work, born of lack, fills lack through illusion.

*

Force poetry to show its skeleton. Laughter liberates. You can hear it
bursting forth unable to settle between approval and insult, tinged
with easy humor which is despair's least tragic pitch.

*

Poem: emerging of being out of its vital space, a kind of break-in of
presence in a zone where only the absent come face to face.
With this confidence trick the poet couldn't possibly have
discharged all obligation to the reader.

The Clavicles of Minho

Mystère est la note . . .

Mystère est la note que borde l'écume
sur la bouche d'une vivante
Mystère est le geste qui ouvre le corps
pour le règne d'un seul cri

Tu pénètres dans l'enclos
Tu vois se resserrer les méandres des plaines

Tu ramasses une pierre et la jettes
plus loin

L'appel te pousse et te retient.

Instants pour la seconde vie

Mystery is the note . . .

Mystery is the note edged by foam
upon the mouth of a living woman
Mystery is the gesture opening the body
for the reign of a single cry

You enter the enclosure
You see the meandering valleys drawing tighter together

You pick up a stone and throw it
some distance farther

Something calling urges you on and holds you back.

Instants for Second Life

Absence . . .

Absence
      poudre d'étoiles éparses sur la mer
Géante décuplée d'un seul rayon de lune
Naine blanche égarée : Elle enfante
une pierre

Sa mort poudroie dans le temps :
Brouillard gagnant le fond des yeux   Regard
absent dans le visage qu'il délite

Le ciel est noir de cette pierre
qui cache le soleil
Criblé par les lueurs de la Torche invisible.

Instants pour la seconde vie

Absence . . .

Absence
      a powder of scattered stars upon the sea
Giant woman increased tenfold from a single moonbeam
Dwarf woman lost: She gives birth to
a stone

Her death is a cloud of dust in time:
Fog reaching to the back of her eyes   Gaze
absent in the face it exfoliates

The sky is black with the stone
hiding the sun
Riddled by the glimmerings of the invisible Torch.

Instants for Second Life

Denise Le Dantec

Maigres, assises . . .

Maigres, assises, jambes ouvertes sur les talus,
les fileuses d'étoupe lapent leurs assiettées
    de givre
Leurs yeux creux ne voient ni blé ni vache
dans ce terrain pierreux et froid

Entre l'os et la peau, il n'y a rien
Rien entre le lit de pierres et l'eau

D'autres à Camlann ou à Portsmouth
Naviguant pour toujours dans les mers
    allongent leurs doigts

Que ne suis-je Oiseau d'Owein
Pour du haut du ciel excrémenter la neige?

—Deviens telle que je te trouverai quelque part

Les Fileuses d'étoupe

Skinny, squatting . . .

Skinny, squatting, legs apart upon the slopes,
The tow-spinners lap up their platefuls
    of frost
Their hollow eyes see neither wheat nor cow
in this cold and stony land

Between bone and skin, there is nothing
Nothing between the bed of stones and the water

Others in Camlann or Portsmouth
Plying their way forever upon the seas
    stretch out their fingers

Why am I not Bird of Owein
To drop from the high skies my excrement upon the snow?

—Become a woman such that I shall find you somewhere

The Tow-Spinners

O les spasmes de l'automne ...

O les spasmes de l'automne
Sur les crosses des fougères

Explosif l'oiseau des mers arrache les graines
    sous les neiges
Et cherche le pain dans la pierre de faim

Les Fileuses d'étoupe

O Saint Ange ...

O Saint Ange des liesses et des bruyères en fleurs
J'ai toute l'ardeur qu'il faut dans ce champ
    de Décembre

Où tu me quittes

Les Fileuses d'étoupe

Oh the spasms of autumn . . .

Oh the spasms of autumn
On the crooks of bracken

Like an explosion the seabird rips the seed
    from beneath the snows
And seeks out bread in the stone of hunger

The Tow-Spinners

Oh Holy Angel . . .

Oh Holy Angel of gaiety and flowering heather
I have all necessary ardor in this
    December field

Where you abandon me

The Tow-Spinners

Passent les grands charrois d'automne . . .

Passent les grands charrois d'automne, l'amour,
la neige, le viol et les grands froids
Tous les forfaits du cœur, toutes les mélancolies,
L'Ardeur inoubliable de tout ce qui fut beau,
égaré comme les feuilles sur les glèbes,
Passent les sens et les soupirs de l'Ange
Sur les chemins immenses, de l'autre côté du
monde,
Et l'angoisse de nos rêves marqués de cet amour

Des quatre points du monde jaunis sous la
tourmente
Les yeux ne servent plus

A peine si on décèle la Vierge dans le Loup

Les Fileuses d'étoupe

The great cartings of autumn pass by . . .

The great cartings of autumn pass by, love,
    snow, rape and the great colds
All the heinous crimes of the heart, all the sadnesses,
The unforgettable ardor of all that was beautiful,
    gone astray like leaves upon the clodded earth,
The senses and the sighs of the Angel pass by
Upon the vast paths, on the other side of the world,
And the anguish of our dreams marked by this love

From the four points of the world yellowed beneath
    torment
Eyes no longer function

Barely do we discern the Virgin in the Wolf

The Tow-Spinners

Opuscule d'Ouessant

1

Seuls, le vent—cet excès—et la pluie sur ma face . . . Le jour se lève dans le reflux.

Derrière moi, les oiseaux de mer tombent et crient.

—Où sont ceux-là qui s'abreuvaient ici ?

2

Les pierres se fendent, ouvrent leurs corps de quartz— explosent. La mer s'est retirée en sable.

Et tout s'en est allé.

3

Une autre tempête nous cerne que nul ne voit, que chacun sent.

J'entends s'effondrer le rouleau d'une vague fatale.—Pour un peu, ce serait le cri du monde.

4

Partout sous la brume la pluie se discerne en buée qui couvre l'étendue, et s'étire de buisson en buisson.

En chaque instant le passé vient avec la transparence du grain de sel posé dans la pénombre.

Et c'est la seule lueur dans cette déluvion qui ne cesse de s'accroître.

Ushant Opuscule

1

Alone, the wind—this excess—and rain upon my face . . . Daylight rises on ebb-tide.

Behind me, the seabirds drop and screech.

—Where are those that would here quench thirst?

2

The stones split open, revealing their quartz bodies—exploding. The sea has withdrawn through sand.

And everything has gone away.

3

Another sea-storm lies about us, not visible, sensed by everybody.

I hear the roll of some fatal wave breaking.—It might be the cry of the world, almost.

4

Everywhere beneath the mist the rain can be made out like vapor covering the stretch of land, and drawn out from bush to bush.

At each moment the past comes with the transparency of a grain of salt placed in the half-light.

It is the only glimmer in the diluvium that keeps on growing.

5

Autour de soi, c'est sombre, instable, inquiet. Voici le flot qui penche pour m'entourer sur les bords agrandis des nuages !

Que d'assauts dans l'insaisissable de l'eau !

Une vague a absorbé toutes les vagues.

6

Oh chante l'armoise dans les décombres !

Devant toi, il n'y a que ce buisson étrange qui redonne son éclat à tout ce qu'on délaisse : soleil d'os, de brindilles et d'arêtes de poisson— levé jusqu'aux murailles qui crépitent.

7

La passe où plonge le soleil s'enflamme . . . Ici on coupe le feu à la plante.

Comment ne songerais-tu pas à ce point de braise qui tombe en cendre à chacun de tes pas ?

8

Et te voilà qui t'avances au plus loin de la jetée élevée au niveau de la prière.

Tu as beau t'écrier : ce qui vient heurte en toi ce qui hésite et tremble.

Dans les remous, c'est sans repos.

5

All around, it is dark, unsettled, uneasy. The very waters lean so as to ring me about over the swollen edges of clouds!

What onslaughts in the unfathomableness of water!

One wave has absorbed all waves.

6

Oh may the sagebrush sing out in amongst the rubble!

Before you, there is just that strange bush restoring luster to everything abandoned: sun of bones, twigs and fish carcasses—risen as high as the pattering walls.

7

The narrows into which the sun is plunging bursts into flame . . . Here the plant's fire is cut off.

How would you not think of that glowing ember falling to ash at each of your steps?

8

And there you go as far as you can along the pier raised to the level of prayer.

There is no point in exclaiming: what comes forth runs against that within you which hesitates and trembles.

In the backwaters, there is no rest.

9

O gloire ignare de l'océan ! Talentueuse inculture de la lande !
Profonde ignorance de l'herbe !

Comment vivre dans ce savoir mortel ?

10

Des roches s'élèvent des nichées de mouettes prêtes à s'abattre.

Le vent forçant tous les bornages accélère.

Nous vivrons la brutalité de cela jusqu'à l'aube : notre corps sera le relais.

11

Et c'est pitié, derrière les docks, dans l'enfonçure des bourbes où s'activent les calfats.

Sans trêve, le bruit des marteaux frappe la falaise et s'abîme.

12

Et tout se mêle de ce qui apporte et de ce qui dépouille dans la lumière ambulante enfoncée comme un coin sur la route.

En nous aborde la plus grande obscurité—loin là-bas, cherchant l'issue.

Opuscule d'Ouessant

9

Oh ignorant glory of the ocean! Genial unculturedness of the moorland! Deep benightedness of the grass!

How can we live in this mortal knowledge?

10

Rocks rise up from nests of seagulls about to swoop down.

The wind forcing small local vessels intensifies.

We shall live out the brutalness of this till dawn: our bodies will relay it.

11

And it's a sad sight, behind the dockyards, in the mud-holes where the caulkers are busy.

Ceaselessly, the noise of hammers strikes against the cliff and is swallowed up.

12

And everything takes a hand in what provides and what despoils in the peripatetic light driven like a wedge along the road.

Within us the greatest obscureness makes land—far, far way, seeking outlet.

Ushant Opuscule

Claude de Burine

Je me transformerai

Je me transformerai
En femme de sang
En femme de larmes
Je serai le givre
Le sable
Le feuillage du buis
Pour que tu m'écrases
J'embrasserai tes jambes
Tes genoux
Je serai
La forêt première
L'algue des origines

Tu veux pleurer
Tu veux gémir
Tu veux le houx
Comme couronne
La très précieuse
Lumière du vert
Tu ne sais pas
Que les doigts
Sur un front
Font un chant de Noël
Qu'une bouche
Dans la douceur des cuisses
Peut faire jaillir
Le lait des nébuleuses.

Le Passeur

I Shall Transform Myself

I shall transform myself
Into woman of blood
Into woman of tears
I shall be frost
Sand
Boxwood foliage
So you may crush me
I shall kiss your legs
Your knees
I shall be
The first forest
Seaweed of our beginnings

You want to cry
You want to groan
You want holly
For a crown
The very precious
Light of green
You don't know
That fingers
Upon a brow
Make a Christmas carol
That a mouth
In the sweetness of thighs
May bring spurting forth
The milk of nebulae.

The Ferryman

Elle

Elle n'avait de comptes
A rendre
Qu'aux champs
A la bruyère rapide
Aux feux de croisement qui battent
Aux tempes des rues.
Pas aux hommes : la maladie bleue.

Il se peut qu'une heure parmi les heures
D'une matinée ou d'un matin,
S'arrête
Pose sur votre épaule
Un doigt avisé.

Ne pas croire ce doigt :
Il est l'envoyé des autres
Qui écoutent la pluie
Noient la pluie
La privent de ses larmes
Lui volent ce seau d'argent
Qu'elle accroche au cou
Des villes englouties.

Les buissons serrés
Les genoux serrés
Les olives prudentes
Ne le reçoivent pas
Ni le cassis aux bas noirs
Un métro peut-être ?
Le Saint-Placide
Qui perd ses dents

Le Visiteur

She

She had no account
To give
But to the fields
The quick heathland
The dipped lights that throb
In the temples of streets.
Not to men: blue sickness.

Maybe that an hour amongst hours
Of one morning or other,
Stops,
Places upon your shoulder
An informed finger.

Do not believe this finger:
It is sent by others
Listening to the rain
Drowning rain
Stripping it of its tears
Robbing it of that silver bucket
Which rain hangs about the neck
Of cities engulfed.

The serried shrubs
Knees drawn tight
Prudent olives
Do not welcome this finger
Nor black-stockinged blackcurrants
Perhaps a subway?
Saint-Placide
Losing its teeth

The Visitor

Lettre à Espinouze

Nous sommes bien tous les deux. Je te l'écris. Et si j'écris : le coquelicot est rouge, c'est qu'il l'est, la rivière chante : elle chante.

Le langage a son bon goût de terre et de feuilles mouillées, le vin reprend confiance dans les verres.

Nous avons trop usé les villes à la recherche des mots étincelants : étoiles de givre ou encore rubis éclatés sur les portes et nous ne savons plus parler avec le cassis qui sent les Indes et l'aventure. Les mots sont ce qu'ils sont ? : des petits cœurs d'agneau qu'on trouve sous les arbres, le premier venu qui s'assied sur le banc des fatigues et parle . . .

Le mot magique s'est éteint avec la neige. Le souvenir est le mendiant de cette neige perdue et je te donne ce souvenir et cette neige.

Le Visiteur

Letter to Espinouze

We are both fine. I'm writing to tell you. And if I write: the poppy is red, it is because it is; the river is singing: it sings.

Language has its good taste of earth and wet leaves, wine picks up its confidence in glasses. We have overworn cities in search of sparkling words : frosty stars or again splintered rubies on doors and we can no longer speak with blackcurrants smelling of the Indies and adventure. Words are what they are?: little lamb's hearts found beneath trees, the first comer sitting on the bench of fatigue and speaking . . .
The magic word has gone out with the snow. Memory is the beggar of this lost snow and I give you this memory and this snow.

The Visitor

Cendre

Cendre grise,
Au chant d'œillets blancs,
Qui garde peut-être encore la forme
Des lèvres, des épaules, des reins,
Que l'on mêle au fleuve, à la mer,
A la terre, aux jardins,
Près des fleurs, des arbres,
Que nous avons plantés,
Ou que l'on amarre
Dans les tombes, les chapelles,
A côté de ces grands empaillés du rêve
Que sont nos morts
J'ai atteint
Les zones froides de l'intelligence
Je n'existe pas.
Quel aveu faire ?
Quelle réponse donner ?
Je n'ai avec moi
Que des mots sans armure
Ni code
Et le mot de passe pour aller
Chez tes fleurs à toi, amour,
Tes saules,
Tes bouleaux,
Tes terres à soleil
N'existe plus,
Parti, comme partent
Les touristes des eaux bleues
Chassés par les premières pluies,
Comme est parti
Le marron de tes yeux
Dans le feu royal.

Ash

Grey ash,
With the white carnation song,
That keeps perhaps still the shape
Of lips, shoulders, loins,
Mingled with the river, the sea,
The earth, gardens,
By the flowers, the trees,
That we planted,
Or moored
To tombs, chapels,
Next to those stuffed dream creatures
That are our dead
I have reached
The cold regions of intelligence
I do not exist.
What confession can be made?
What answer given?
I have with me
Merely defenseless
Codeless words
And the password to get
To your own flowers, love,
Your willows
Your birches,
Your sun earths
Exists no more,
Gone, the way tourists
Of blue waters go
Driven off by the first rains,
The way the chestnut
In your eyes went
In the royal fire.

J'entends encore ta voix qui tourne,
Tourne, manège allumé,
Dans la nuit noire des hommes,
Ton pas qui retentit
Au fond de l'allée précieuse
Ou sur les dalles fraîches du temple
Qui sentait la marée
Et le pain de Noël.

Ce qui fut amour et lumière
Et chaleur,
Secret presque sortilège,
Ce qui fut ronces aussi et blessures,
Amour, plaie ouverte qui ne guérit pas,
Amour et chaque goutte de mon sang
Portait ton prénom,
Amour, sans paroles, sans gestes,
Sans regards,
Rien ne me sera donc laissé de Toi
Ni un dessin,
Ni une boucle de tes cheveux,
Ni même un peu de cette cendre
Que j'aurais mise, comme une hostie,
Dans ma bouche,
Une rosée de cendre :
Toi, sur mes lèvres,
Pour que tu coules à jamais en moi,
Que ta mort devienne ma vie,
Et ma mort, à la fin,
Notre mort à nous.

Je n'aurai rien que cette poussière
Qu'on transporte ailleurs,
Je ne sais où,
Qu'on me dit être Toi,
Toi : cette cendre

I hear still your voice turning,
Turning, a brilliant merry-go-round,
In the black night of men,
Your step echoing
Down the precious lane
Or over the fresh temple stones
Fragrant with the tide
And Christmas bread.

That which was love and light
And warmth,
A secret almost bewitched,
That which was brambles too and injuries,
Love, an open wound unhealing,
Love and every drop of my blood
Bore your name,
Love, beyond words, beyond gesture,
Beyond gazing,
Nothing then will be left to me of You
Not a drawing
Nor a lock of your hair,
Nor even a bit of that ash
That I might have put, like a host
In my mouth,
An ashen dew:
You, upon my lips,
So that you may flow forever within me,
So your death may become my life,
And my death, finally,
Our joint death.

I shall have nothing but this dust
They take away,
I don't know where,
That they tell me is You
You: this ash

Toi : tes épaules,
Ton ventre, ton sourire,
Toi et les soirs d'été,
Ton rire, dans les soirs d'été,
Toi, l'enfant des palais de l'aube.

Les champagnes, les livres,
Les files d'attente, le vin :
Ce passeport des pauvres,
Cette venue de l'ange qu'est la neige,
Avec le givre : le joueur de flûte,
Tous ces arrangements,
Maille après maille avec la vie,
Qui portent le nom : Amour
Ne seraient que cela :
"Allez coucher aux urnes,
Vous sortirez debout" !

La cendre serait
Le sang neuf des morts ?

Le Passager

You: your shoulders,
Your belly, your smile,
You and summer evenings,
Your laughter, in summer evenings,
You, the child of dawn's palaces.

The champagnes, the books,
The waiting lines, the wine:
Passport of the poor,
That coming of the angel that is snow,
With frost: the flute player,
All the arrangements,
Stitch after stitch with life,
Bearing the name: Love
Might only be that:
"Go and sleep amongst the urns,
You'll come out on your feet!"

Might ash be
The new blood of the dead?

The Passenger

Louise Herlin

Signes et stèles . . .

Signes et stèles, l'air plein d'hirondelles
—des visages transitent

Bribes de murs et la phrase en arpège
—la brèche est souveraine
Les paroles dites vont sur des claviers sourds

Dans la plaine un train se déploie
—beaucoup s'égarent d'une séquence à l'autre
La brume ronge les étapes
L'horizon vient au devant

Stèles et monuments, socles pour toutes figures : qui
parmi les voies nocturnes hausse le ton, se dit occupant
—s'érige habitant des lieux ?

Commune mesure

Signs and stelae . . .

Signs and stelae, the swallow-filled air
—faces pass through

Snippets of walls and the arpeggio sentence
—the gap is sovereign
Words said move upon muted keyboards

Across the lowlands a train unfolds
—many are lost from one sequence to the next
Mist gnaws away at the stages
The horizon looms up

Stelae and monuments, plinths for every figure: who
among the ways of night raises voice, claims occupancy
—towering inhabitant of the premises?

Common Measure

Drames enfouis . . .

Drames enfouis dans les pages des livres
Amours, veilles, chagrins—son nom Liberté . . .
On endosse les mots—couleuvre—la peau des autres
On vit plus d'une vie, le cœur multiple à l'œuvre

Incarner les signes, écouter le silence,
les douteurs s'y entendent, durables
  studieux

Lettres, neumes, graphies comme en trace l'hirondelle,
que les yeux mémorisent un temps
  puis oublient
laissant vierge la place
  où recommencer

Les Oiseaux de Méryon

Buried dramas . . .

Buried dramas in the pages of books
Loves, vigils, grief—one's name Freedom . . .
One slips on words—snake in the grass—the skin of others
One lives more than one life, the manifold heart at work

Giving flesh to signs, listening to silence,
doubters get on well in it all, tough,
    studious

Letters, neums, writings such as the swallow traces out
that eyes memorize for a time
    then forget
leaving virginal the place
    where everything can begin again

The Birds of Meryon

L'arbre occupant . . .

L'arbre occupant de plein droit, grand et large, tous bras ouverts,
    tout envergure et déploiement
—Rien de crispé en lui, de virtuel, nul refoulement
L'arbre de connivence avec l'air le ciel le vide et l'horizon
Sur place voué au cycle de croissance et de mort—de résurrection

Comme des larmes une ou deux feuilles contre son gré le vent lui
    arrache
Petites mains plates dorées de parchemin parfaitement découpées
    dans la pluie fine
Comme à regret hésitant à descendre elles empruntent la voie des
    tourbillons
Lentes privées de poids
Obéissant aux lois touchent le sol et s'y couchent

Depuis la cime environné de chutes légères
L'arbre riche encore de frondaisons se débite au détail petit à petit
Ce n'est pas une agonie, une transaction continue
Entre l'arbre et la terre gourmande sous ses dehors tranquilles

Toute la végétation caduque de l'an déposée
Immense pâture, une litière à sa mesure
Par ses mille et mille bouches canaux pores fissures pénétrera

L'Amour exact

The tree in possession . . .

The tree in possession by right, tall and broad, arms wide open, all
   span and spread
—Nothing edgy in it, or virtual, no repression
The tree in collusion with the air the sky the void and the horizon
On the spot devoted to the cycle of growth and death—resurrection

Like tears one or two leaves against its will the wind snatches from
   it
Little flat gilded parchment hands perfectly snipped out in the fine
   rain
Almost reluctant in their descent they swirl and eddy about
Slow stripped of weight
Law-abiding touching the ground where they come to rest

From the top down surrounded by light fallings
The tree still rich in foliation retails itself off bit by bit
It's not a painful death, a transaction continues
Between the tree and the earth greedy beneath its tranquil exterior

All the year's crumbling vegetation laid down
A vast fodder, a fitting palanquin
Ready to enter through its thousands of mouths canals pores
   crevices

Exact Love

La rue

La bourrasque imprévue ce début d'été
transit les passantes en tenue de saison
Les grands peupliers sont de grands agités
traversés de mouvements de colère

Dans la rue par groupes des écoliers causent
en marchant Les vieux longent les murs prudemment
Les jeunes font des écarts des embardées
dangereuses comme ces coups de vent d'Est
qui glacent souffle coupé, clouent sur place
rappelant l'arbitraire des phénomènes
naturels Nul n'est à l'abri d'une tuile
arrachée La vie tient à un fil Les oiseaux
muets se terrent Les vieux rentrent chez eux
rasant les murs Un chapeau s'envole vole
violemment comme secoué de rire, hilare

L'Amour exact

The Street

The unforeseen squall in early summer
chills the women going by in seasonal attire
The tall poplars are greatly worked up
riddled with angry spasms

In the street groups of schoolchildren chat
as they walk Elderly people keep to the walls wisely
Youngsters step aside and dart about
dangerously like easterly gusts
that icily take our breath away, stop us in our tracks
reminding us of the arbitrariness of natural
phenomena No one is safe from a tile
ripped away Life hangs by a thread Quiet
birds go to ground Old people head home
hugging walls A hat flies off in violent
flight as if shaking with laughter, hilarious

Exact Love

Vaches fidèles . . .

Vaches fidèles—au lever de la brume—à leur image
 debout paissant ou alanguies sur l'herbe

A ras de terre les moutons nombreux
 sont comme boules de brouillard

Des saules s'inversent dans le miroir
 de la rivière à travers les vergers

Un triple rang de peupliers, un boqueteau,
 des troupeaux encore et

les maisons s'éveillent, le ciel
 va se diversifiant

Un arbre est mort dans la nuit :
 il en est de tranquilles, d'obliques,
  d'épanouis en bouquets,
  de touffus à huppe, de pendants—
 repentants (arbres de toutes sortes),
  d'informes, de gesticulants

Il en est d'enchevêtrés à parasites,
  de coniques—arbres à bonnet rituel,
  de ronds et de pointus
  qui se mesurent à l'infini,
  d'humbles, voire de rabougris, de moches

Maintenant le ciel dynamité s'effiloche,
  lumineux, strié de failles
Le jour travaille à son lever : bonjour . . .

Les Oiseaux de Méryon

Cows faithful . . .

Cows faithful—as mist rises—to their image
    standing grazing or languid upon the grass

Just above ground the numerous sheep
    are like balls of fog

Willows stand inverted in the river's
    mirror through the orchards

A triple row of poplars, a spinney
    more groups of animals and

the houses are waking up, the sky
    begins to diversify

A tree has died in the night:
there are tranquil ones, slanting ones,
    some blossomed in bunches,
    some bushy and tufted, some hanging—
    repentant (trees of all kinds),
    shapeless, gesticulating

There are those intertwined parasite-like,
    conical ones—trees with ceremonial caps,
    round and pointed ones
    measuring themselves against the infinite,
    humble ones, indeed those that are stunted, ratty

Now the exploded sky becomes raggedy,
    luminous, splits and striates
Day works away at its dawning: greetings . . .

The Birds of Meryon

Jacqueline Risset

Énigme

l'espace devant les yeux dépositaire de ce savoir secret : secret et
général—mémoire avertissement—pourquoi le regard prend-il à ce
moment la forme d'une écoute ?—parce que les formes devant les
yeux sont ouvertes à l'absence, ou à cette voix qui excède tout, dans
le fond, là-bas:

" ah feuilles belles feuilles vous êtes détruites par ma force, maisons
solides, ah ah, je vous dévore vous sentez mon vent terrible, plus
grand que vous Vous êtes dans ma main caressées par mon souffle
colorées par mon souffle Mes objets provisoires exposés au vent le
feu n'est pas en vous je vous le donne et je vous le reprends je vis
pour ce moment où je vous le reprends et vous tremblez Tout est nu
et tremble, et moi aussi autour dans ce noir cette caverne que je suis
Feu et fumée dans le noir De temps en temps ces bulles durables :
vous mes objets Je vous remue dans ma bouche mes jolis cailloux Je
vous repose peureux sur la rive où il fait froid Mon abandon vous
glace—plus que mon abandon, ma chaleur distraite Vous saisissez
enfin que quand je vous tenais c'était pour ce moment où enfin
vous saisissez l'énormité de la froideur qui me porte et porte tout,
depuis cette blessure que j'ai et que je suis Alors enfin, mes
douceurs, je suis douce, je vous porte Je t'aime, regard terrifié qui a
compris enfin, la haine
Je vous porte dans ce savoir, dans ce grand espace, et quelquefois
nous nous regardons tendrement, à présent, vous et moi "

Sept passages de la vie d'une femme

Enigma

the space before the eyes trustee for this secret knowledge: secret
and general—memory notification—why does one's gaze assume at
this moment the shape of a kind of listening?—because shapes one
sees are open to absence, or that voice in excess of everything, way
back, down there:

"ah leaves lovely leaves you are destroyed by my strength, solid
houses, ah ah, I devour you you can feel my terrible wind, greater
than you You are in the palm of my hand caressed by my breath
colored by my breath My temporary things exposed to the wind the
fire not within you given to you by me and taken back by me I am
now living where it is taken from you and you are trembling
Everything is bare trembling, as I am too all about in this blackness
this cave that I am Fire and smoke in blackness Now and again
lasting bubbles: you my things I shift you about in my mouth my
pretty pebbles I place you back timorous upon the shore where it is
cold My abandonment of you chills you through—more than my
abandonment, my off-handed warmth You finally grasp that when
I held you it was for the moment in which finally you grasp the
enormity of the coldness bearing me up and bearing everything up,
from the time of the wound I have and am So finally, my
sweetnesses, I am sweet, I bear you up I love you, in a gaze of terror
having finally understood, hatred
I bear you up in this knowledge, in this great space, and sometimes
you and I, we look tenderly at each other, now"

Seven Stages in a Woman's Life

Lettre brûlée

ceci, le fait en vérité qu'il ne faut pas
craindre le poids de la terre par rapport
à son état de suspendue
vide—et à la fois
lieu qui permet le passage
nature subtile
par le moyen de la vue à la nuit, ou bien
quelque sensation conservée
dans l'âme
et s'avançant vers une
mesure de surgissement
et de la disparition
savoir les différences
par l'infini dans les rapports

et l'affirmation, imparfaite

Sept passages de la vie d'une femme

Burned Letter

this, the fact really that one mustn't
fear the weight of the earth in relation
to its empty suspended
state—and at the same time
a place permitting passage
subtle nature
by means of sight at night, or else
some sensation preserved
in the soul
and moving forward towards a
measure of surging appearance
and disappearance
knowing differences
through the infinite in relationships

and affirmation, imperfect

Seven Stages in a Woman's Life

Paradisiaca XXXIII

Lavato nell'acqua di poesia

et plein de lait chanteur / jusqu'au palais

au-delà du palais
étouffement dans la gorge
construction des jardins
marbre dans la gorge
joie qui étouffe—
plus vert plus vrai
tourne vers cet autre
—bois plus précieux

Mais ce qui compte est cet instant sans cesse
instant fourbu
fourmillant sur ses jambes
je veux dit-il
je veux dire
que veux-tu ?
   il s'étouffe
spasme dans la glotte à Valvins
ah dit-il ah le livre
enfant chéri stature mignonne
aigrette cheveux blonds et fourrures Louis XIII
les seuls mots la seule image qui te serre
presse

         joie dans poitrine émue soulevée
faisant l'amour la nouveauté est qu'elle se sent
être meuble Art Nouveau
parfois boîte parfois meuble
      bois précieux encadré ou en table

Paradisiaca XXXIII

Lavato nell'acqua di poesia

and full of singing milk / to the palate

beyond the palate
a choking feeling in the throat
construction of gardens
marble in the gorge
joy choking
greener more real
turn towards this other one
—more precious wood

But what counts is this endless moment
this back-broken moment
swarming over his legs
I want he says
I mean
what do you want?
    he's choking
a spasm in the glottis at Valvins
ah he says ah the book
darling child dainty height
tufted heron fair hair and Louis XIII furs
words alone image alone holding you tight
pressing you

        joy in chest affected by emotion heaving
making love the novelty is that she feels
like Art Nouveau furniture
sometimes a box sometimes furniture
        precious wood framed or as a table

JACQUELINE RISSET : 227

ah divine émotion instants arrachés à la trame
ah lutter avec l'herbe et l'herbage
fraîche d'indicible arraché
à ces lieux à ton corps-cœur

bats petite carcasse
bruit de fontaine
ah émotion à étrangler
crache ton secret petite joie contente
cri d'oiseau enfoncé dans mémoire
coup d'ineffable ah sentence de sibylle

ainsi la neige se descelle au soleil
rêve qui colore la matinée

pourquoi sinon pour toi
infime infâme petite joie

insaisissable
balbutiante entre deux doigts
contente,

car presque toute cesse

ma vision

et dans mon cœur

coule encore la douceur . . .

Sept passages de la vie d'une femme

ah divine emotion moments snatched from the web of things
    ah struggling with grass and grass-land
fresh with ineffableness snatched
from these places from your body-heart

pulse away little body-shell
fountain flowing
ah strangling emotion
spit out your secret small satisfied joy
bird-cry sunk in memory
    momentary ineffableness ah sibylline utterance

thus does snow unseal itself in the sun
dream that colors the morning

why unless for you
minute foul little joy

elusive
stammering between two fingers
satisfied,

    for almost entirely ceases

my vision

        and in my heart

   sweetness still flows . . .

Seven Stages in a Woman's Life

L'amour de la poésie (extrait)

Épaisseur temporelle de la journée, le train traversant le paysage. La campagne sous la pluie. Proximité. Le paysage à chaque instant naissant de moi. Le train est moi.

La main qui écrit amène par la main la mémoire. Et la mémoire, une fois écrite, a choisi ses traces : celles-ci et pas les autres, qui dès lors, doucement, pâlissent, et s'écartent.

Un minuscule monument s'est créé, avec de l'encre mais en l'air, commémorant un événement qu'il invente. La joie est à présent celle-ci : "Je t'invente". Le tu aussi se dissout. Jubilation de presque rien; très forte.

La vie aussi se déplie. L'impression est celle d'un vaste vol— "Énergie éternel délice."

Petits éléments de physique amoureuse

The Love of Poetry (extract)

Temporal density of the day, the train crossing the landscape.
The countryside in the rain.
Closeness. The landscape at every moment surging into life from
me. The train is me.

The hand that writes leads memory by the hand. And memory,
once written, has chosen its tracks: these, and not those, which,
from then on, softly pale and draw aside.

A minute monument has been created, with ink but
insubstantial, commemorating an event it invents. Joy is now this:
"I invent you".
The you also dissolves away. Jubilation from almost nothing;
most strong.

Life also unfolds. The impression is that of a vast flight—"energy
eternal delight".

Small Elements of Love Physics

Instant présent . . .

Instant présent

qui passe

dans cet air-ci   cette fumée

brillant

Petits éléments de physique amoureuse

Present moment . . .

Present moment

that passes by

into this air   this smoke

shining

Small Elements of Love Physics

Odeur de fleur ce matin . . .

Odeur de fleur ce matin sur la table :
dans la vie suspendue seul transport est l'amour—
transport d'amour

Oui : comme un camion qui vous fait sortir
de cette grande pièce endormie et vous jette
directement dans le bruit dans le cœur

cœur de l'agitation où ce qu'on touche
n'est rien de plus qu'un instant du passé
—après tout rien de plus

mais cet instant est cœur du monde :
touchant l'instant où enfin je te vis
—où j'ouvris l'œil, mon amour, sur l'amour :

ceci n'est que ma vie, prise en un point,
se regardant, regardant rien, peut-être pas même toi,
qui seulement étais là, à ce moment-là,

Petits éléments de physique amoureuse

The smell of flowers this morning . . .

The smell of flowers this morning on the table:
in life's suspension love the only transport—
transports of love

Yes: like a truck driving you from
that great soporific room and casting you
straight into noise into the heart

the heart of perturbation where what one touches
is nothing more than a moment of the past
—after all nothing more

but this moment is the heart of the world:
touching upon the moment when at last I saw you
—when I opened my eye, my love, upon love:

this is merely my life, taken at one point,
looking at each other, looking at nothing, perhaps not even you,
who were simply there, at that instant,

Small Elements of Love Physics

Aujourd'hui donc . . .

Aujourd'hui donc dans cet instant-ci
—ce qui se montre
—ce qui le fait se faire ainsi

c'est :

Amour lointain qui ne quitte plus jamais
le cœur
et ces parages-ci

dans cette vie-ci

Petits éléments de physique amoureuse

So today . . .

So today in this very moment
—what is revealed
—what makes it comes about like this

is:

Distant love that never again deserts
the heart
and these parts

in this life

Small Elements of Love Physics

Dansons dansons ici . . .

Dansons dansons ici petite joie
surprise
—plus d'attente   plus d'aube

la joie quand elle arrive
et disparaît
c'est là

clignement d'œil
état glissant
poisson rapide

à travers l'eau
joyeux éclat—de rien
    Va si dans le poignet

tu as la force
de lui tordre le cou
à l'instant juste

Petits éléments de physique amoureuse

Let us dance let's dance here . . .

Let us dance let's dance here small joy
suddenly intercepted
—no more waiting   no more dawn

joy when it comes
and disappears
is

the blink of an eye
a slippery state
a fish darting

through water
joyous flash—of nothing
   Go ahead if in your wrist

you have the strength
to wring its neck
at the right moment

Small Elements of Love Physics

Anne Marie Albiach

La déperdition "de chance"

" *reconnaître le corps*
sur la partie des tiges qui avoisine
le sol
l'attrait de la langue "
   Claude Royet-Journoud, *La notion d'obstacle.*

" *Je me représente la Terre projetée dans l'espace, semblable à une*
femme criant la tête en flammes. "
   Georges Bataille, *La pratique de la joie devant la mort.*

Le corps et ses accès—de déportement : un déportement interne
mime la dérision et la force de la constitution originelle.

Dans la trame opaque de la composition parcourue de blancs
institutionnés, soustraits, des éclaircies de violence " se mettent au
jour " de l'énoncé
   une tête
   de la force qui pend

une cruauté du langage par rapport à l'image de la lettre et à
l'image corporelle

   langue coupée

ce qui se passe, se passe " derrière " et non en face et c'est par là
qu'intervient, dans la surprise d'un arrière-plan, la mutilation
incisive du corps qui parcourt le texte—mutilation que le langage
soutient et dénonce.

The Wasting Away "of Chance"

"recognise the body
on the part of the stems adjacent
to the ground
the attraction of language"
    Claude Royet-Journoud, *The Notion of Obstacle.*

"I picture the Earth projected into space, like a woman screaming out,
her head in flames."
    Georges Bataille, *The Practice of Joy in the Face of Death.*

The body and its accesses—skidding to the side: an internal
skidding mimics the derisiveness and strength of the original
constitution.

In the opaque weft of the composition run through with
subtracted, institutioned blanks, clearings of violence "are born to
the light" of the utterance

    a head

    strength hanging

a cruelty of language in relation to the letter's image and the bodily
image

    tongue cut off

what happens, happens "behind" and not up front and it is thereby
that, in the surprise of a backcloth, the incisive mutilation of the
body which runs through the text intervenes—a mutilation which
language supports and denounces.

Des interruptions dans le discours, constantes, de par la
dénonciation de la soustraction et celle des retraits divers sous-
entendus
        le terme de la bête donne une teneur, revient encore dans
ce texte, thème obsessionnel du travail de Claude Royet-Journoud,
        la bête est dépecée sur-le-champ

On penserait aux supplices incisifs ponctuant les œuvres de
Georges Bataille, à l'organisation des démembrements, au corps
réduit à sa nudité de démultiplication charnelle.

LE JOUR AU JOUR S'OBSCURCIT DANS LA CONCRÉTISATION DE
L'ABSTRAIT.

L' " usure " tient lieu de déperdition. Une béance alterne le texte
de la tentative de mutilation à la concrétisation—dans un constat
permanent qui opère comme une surface de régression. le corps
dont il est question porte sa propre distanciation—
Noir sur blanc
où les couleurs se simplifient à la lumière et à l'ombre.
        Une incision permanente dans la discontinuité d'une présence
réduite au point le plus extrême. De même, l'écartement des termes
donne une corporéité au déportement du texte:
                                        c'est la nudité obscure—la
dénégation et la violence

                                le corps parfois s'affronte aux
éléments afin de prendre son espace en dépit des circonvolutions:
quelque chose comme de l'orage et du sommeil

l'objet est tranchant, il s'avère réduit à une arme équivoque par
rapport à son usage immédiat :

        quelque chose comme aiguiser un couteau
                        la verticalité du thème, son incision.
Adonné à un personnage issu de la *fiction*

Interruptions in the discourse, constantly occurring, via the denouncement of subtraction and the various implied withdrawals the term beast gives substance, recurs again in this text, an obsessional theme in Claude Royet-Journoud's work,
the beast is torn to pieces on the spot

One might think of the incisive tortures punctuating Georges Bataille's writings, of the organisation of acts of dismemberment, of the body reduced to its nudity of fleshy down-gearing.

THE DAY TO DAY BECOMES OBSCURE IN THE CONCRETIZING OF THE ABSTRACT.

"Wearing away" takes the place of wasting. A gaping alternates the text from attempt at mutilation to concretization—in a permanent statement functioning as a surface of regression. the body concerned bears its own distanciation—
Black upon white
where colors are simplified in light and shadow.
A permanent incision in the discontinuity of a presence reduced to the most extreme degree. Likewise, the separation of terms gives a corporeality to the text's skidding movement:
                              this is the obscure nudity—
denial and violence

                    the body sometimes confronts the elements so as to assume its space despite convolutions:
something like storm or sleep

the object is sharp-edged, showing itself reduced to an equivocal weapon in relation to its immediate use:

something like sharpening a knife
                    the theme's verticality, its incisiveness.
Given over to a character sprung from *fiction*

la pesanteur du corps et celle de l'objet tranchant jouent une
ellipse
             la   langue, le langage soutiennent
la démarcation du corps divisé—lui, devenant l'autre, un hiatus
s'instaure dans la déchirure
        le texte remet en question ses propres données:

        l'image
            entretient   *la perte*

une déviation de dénivellation entre grammaire et corps—
        le concret   s'adjoint dans cette déchirure
déviant les éléments
            la *déglutition* du langage et celle du "personnage"
s'instaurent dans la distanciation

            le questionnement, la recherche, l'alternance du
donné et du soustrait, ce qui est déduit de la trame
Et le contexte extérieur prend puissance de notoriété,
        les bruits ne se répartissent pas
        ils appartiennent

    le verbe ignore son complément dans une césure perpétuée
Un déroulement externe de la "couleur" sous-tendue donne une
précision alternative et directe : la répétition au cours de
l'élaboration institue une trame concrète et dans sa propre limite
imposée, insistante

    les "chiffres", qui accentuent la donnée, ne se livrent pas dans la
continuité :
    ils s'inversent pour rejoindre le corps abstrait/concret :
il voit naître son dos
        Si le bestiaire alterne avec le corps, c'est dans une division
proche—et dénominative. L'environnement échappe sans cesse au
corps

the body's weight and the sharp-edged object's act out an ellipsis
            the   tongue, language support
the demarcation of the divided body—it becoming the other, a
hiatus is set up within the tearing
        the text once more interrogates its own data:

> *the image*
> *maintains   loss*

a deviation in gradients between grammar and body—
        the concrete   joins up in this tearing deviating the
elements
            the *gulping down* of language and "character" are
founded in distanciation

            questioning, research, the alternation of the given
and the subtracted, what is deduced from the weft
And the outer context assumes power of affidavit,
        noises are not divided up
        they belong

    the verb does not know its complement in a perpetuated caesura
An external unfolding of implied "color" gives a direct and
alternative preciseness: repetition in the course of what is
elaborated institutes a concrete weft and in its own insistent,
imposed limit

    the "figures," which accentuate the datum, are not given over in
continuity:
                    they are inverted in order to link up with
    the abstract / concrete body:
he sees his back being born
            If the bestiary alternates with the body, it is in close—and
        denominative—division. The environment endlessly escapes the
body

la réflexibilité récidive l'abstraction : une accentuation sans défaut, sans relatif—Corps morcelé

où une déperdition grammaticale à trait à une nudité saccadée qui tente de se dissoudre en permanence
passage du dénuement à la nudité qui pourrait, si ce n'était l'incision de la langue—engendrer sa "restitution"

Du féminin au masculin, le corps parcourt le texte dans sa pesanteur inversée, menacée—
travail vertical et blanc

la donnée de labeur "vertical" s'estompe et prend surgissement dans le blanc qui pourrait la dévorer. L'énoncé redresse l'élaboration prise de toutes parts, comme cernée d'une absence remise en question perpétuellement.

la "bête", peut-être mythique, porte, est portée par le corps démultiplié parfois en relation avec les éléments qui sembleraient le recomposer, dans le doute, ou la *terreur* de la totalité.   Une nudité se dédouble de manière constante au cours du texte, de sa portée fictionnelle et pronominale, là où les personnages jouent leur souffle : l'engendrement du corps et celui du texte auront-ils lieu . . . Respiration mise en demeure de "chance".

Anawratha

Une barque brûle sur les remblais du port

Elle ignorait qu'elle ne connaîtrait plus jamais cela.

Anawratha

reflexibility repeats abstraction: an accentuation, faultless,
without antecedent—Body of pieces

wherein a grammatical wasting has reference to a staccato nudity
attempting to dissolve itself permanently
        slippage from destitution to a nudeness that could, but for
language's incisiveness—engender its "restitution"

From feminine to masculine, the body runs through the text in
its inverted, threatened heaviness—
        vertical, white work

        the datum of "vertical" labor blurs over and surges forth in
the whiteness that could devour it. The utterance straightens up
what is being elaborated from all over, as it were ringed with an
absence perpetually reinterrogated.
        the "beast," perhaps mythical, bears, is borne up by the
geared-down body at times in relation to the elements that would
seem to be recomposing it, in doubt, or the *terror* of totalness.
        A nudity splits constantly off from itself throughout the text,
into its fictional and pronominal bearing, where characters act out
their breath: will the engendering of body and text take place. . . . A
breathing formally summoned to "chance."

Anawratha

A Boat Burns on the Harbor's Embankments

She did not know that she would never experience that again.

Anawratha

Cette douceur

C'est l'écoulement de ce sang tiède, insonore et dont le bruissement rythme l'instant.

Tout s'interrompt dans la délinéation mutique d'une terreur.

Ils impliquent leur destin à la force de la cicatrice aux poignets, d'une blessure interne dont le battement monte par saccades depuis tant de lieux. Ces appels n'ont d'écho qu'à travers un passage d'abstractions dans les corps indéfiniment mis à l'épreuve.

La loi s'effectue dans les graphismes qui l'éclaircissent.

La disparition est-elle totale de celui qui n'est plus là, atterré, mis à terre, par un souffle qui a doublé son souffle dans les meurtrissures.

Dans l'urgence la loi s'apaise et les regards en viennent à une nouvelle terre ambiguë, portant l'eau et le feu

l'amour abat l'exil parfois, et jamais ne se met de lui-même en exil celui dont le sang tiède, insonore, et dont le bruissement inaudible est langage pour toi

le retrait est cette part de bleu sous la nuque qui rend le regard trouble retrait qui s'efface au retour d'un renversement de solitude qui ranimerait le corps mis en délit

à quoi correspondrait cette convulsion aveugle des réels lorsque le sang tiède qui parcourt les vaisseaux (et la mer . . .) émet un bruissement plus insistant

l'urgence et une loi tiennent lieu d'espace terrien, où l'on se peut mouvoir à la recherche d'une adhésion au temps restrictif, dans sa dissolution

terre blême se couchent sur toi les reliquats

d'une donnée perpétuée dans ce dédoublement produit par le corps traversant plusieurs limites revêtu de parures divergentes telle une projection dans la chair jubilatoire

This Gentleness

It is the flowing of this warm, soundless blood whose rumble gives rhythm to the moment.

Everything stops in the mute delineation of a terror.

They implicate their destiny with the strength of the scar at the wrists, of an internal wound whose pulsing arises in fits and starts from so many places. These summonings have no echo other than by a movement of abstractions into the bodies put indefinitely to the test.

Law is effected in the writing styles that clarify it.

Is the disappearance complete of the one no longer there, dismayed, grounded, by a breath that has dubbed its breath in the bruises.

In urgency the law abates in appeasement and gazes fall upon a new ambiguous land, bearing water and fire

love overthrows exile sometimes, and never does he place himself voluntarily in exile whose warm, soundless blood, whose inaudible rumble, is language for you

withdrawal is that portion of blueness beneath the nape of the neck which muddies the gaze a withdrawal wiped away upon return through a reversal of solitude that might bring back to life the body become corpus delicti

to which might correspond that blind convulsion of reals when the warm blood that runs through vessels (and the sea) emits a more insistent rumbling

urgency and a law stand in the stead of landed space, where one can move about in search of an adhesion to restrictive time, in its dissolution

pallid earth there lies down upon you the residue of a datum perpetuated in this splitting into two produced by the body crossing over several limits decked with varying ornamentation like a projection into jubilatory flesh

quel est ce cheminement en soi quand les termes de la mémoire
tombent tels des lambeaux, face à une autre clarté en évolution

dans un temps immédiat
ce même souffle ascendant
élague nos gestes musicaux
une architecture sauvage
immémorielle
en deçà des perspectives d'une raison

Respiration, souffle dans ces univers parallèles
pour lesquels le passage est telle déchirure
d'un arbre qui éclate ses fruits la nuit
jusqu'au redressement de la pierre incessante
Silence de la mutité bleue
une ferveur parcourt les membres endoloris
sous les sarcasmes

l'épreuve convulsive se faisait urgence
meurtrière de la perception
le corps se révulse
transe si ce n'est la lumière dans
une permanence qu'elle évoque
qu'elle perçoit au passage
la peur nudifie ses traits
sur la page dangereuse
le foyer où se pose la nuque
cheveux épars dans la flamme
dans les parallèles
d'un éveil dérobé aux terreurs
et ainsi dans la hâte
précipitent-ils le destin
passant le point d'une ligne
"la bouche ouverte" il tend ses paumes
vers une voûte corporelle
où il trouve le sacré

what is this intrinsic traveling when the terms of memory fall
like tatters, before another evolving brilliance

in an immediate stage
this same ascending breath
prunes our musical gestures
a wild architecture
beyond memory
this side of prospects of a reason

Respiration, breath in these parallel universes
for which transition is a certain rending
of a tree bursting its fruits at night
to the point of setting straight the ceaseless stone
Silence of blue muteness
a fervor runs through sore limbs
beneath sarcasm

the convulsive trial became murderous
urgency of perception
the body shows the white of its eyes
a trance unless light in
a permanency which it conjures up
which it perceives as it goes by
fear nudifies its features
upon the dangerous page
the focal point where the nape is placed
hair dishevelled in the flame
in the parallels
of an awakening saved from terrors
and thus in haste
do they cast down destiny
passing the point of a line
"mouth open" he holds out the palms of his hands
towards a corporeal vault
where he finds the sacred

elle tend ses paumes
vers une terre corporelle
où s'éblouit le sacré
il halète cette nuit-là
nous n'atteindrons jamais cela
dans le temps inconcevable
de ses éclatements
Dans mon enfance
j'ai embrassé la pierre humide
proche d'une paralysie
où telle lumière
pouvait nous envahir

"Figure vocative"

she holds out her palms
towards a corporeal earth
where the sacred is dazzled
he gasps for breath that night
we shall never attain to that
in the inconceivable time
of its burstings and ruptures
In my childhood
I kissed the damp stone
close to a paralysis
in which a certain light
could sweep over us

"Vocative Figure"

Denise Borias

Terre limpide . . .

Terre limpide ouverte à notre fable

passagère de l'eau
quand le vent fait naître le frisson
—emprise heureuse—

marbre et lagune
le monde s'échange
sous l'image qui te fonde

la nuit lance la roue ailée de notre joie

Alerte au désir

multiple
multiplié

cette allégresse de peau

le temps rythmé
par le désir ouvert

Le Temps nomade

Limpid earth . . .

Limpid earth open upon our fable

fleeting passenger of water
when the wind gives birth to a trembling
—happy ascendancy—

marble and lagoon
the world in constant exchange
beneath the image that creates you

night throws into motion the winged wheel of our joy

Desire on full alert

manifold
multiplied

the mirth of skin

time in rhythm
with open desire

Nomad's Time

Peuplé d'îles . . .

Peuplé d'îles toi-même
et toujours consumé

à flanc d'ogive
tu connais le sens des ailes

la nuit aux arêtes de marbre
guettant sa fin dans un retour d'écume

la spirale qui t'oriente
—grand soleil précipité
aux splendeurs de l'eau—

si peu distant
des nuages qui te hèlent

ce chant
que l'ombre n'achève pas

Le Temps nomade

Peopled with islands . . .

Peopled with islands yourself
and ever consumed

up amongst the vaulting
you know the meaning of wings

night with its marble peaks
watching out for its end in foam's return

the spiral that directs you
—a great sun thrust
into the splendors of water—

so unfar
from the clouds that hail you

this song
that shadow does not complete

Nomad's Time

Le pain

La cuisson lui apporte ce cloître de bon aloi, ce coude un peu irrégulier à chaque bout du corps, cet équilibre de barque.
Il présente sa folie de face, en éclatements parallèles, plutôt joyeux.
Peut-être n'est-il que très exubérant dans cette gigue du grain uni sur le côté ? On caresse sa peau, mais on a prise sur lui par les arêtes rugueuses poussées comme une protestation, au moment panique où il crut devenir charbon.
(D'ailleurs ces incohérences de la croûte ne servent à rien : elles intriguent et font des miettes)
Dedans il est d'une grande soumission, à peu près blanc, éponge rudimentaire. Il complote avec la salive.
Après quelques hésitations, il retrouve sa mollesse et la pâte qu'il formait.

Natures vives

Le lit

Caresse ovale, plus grande que notre taille quand la nuit organise les poses, ce profil de hanches, la tête sous le bras.
Puis le corps se rassemble, accueilli par le ventre, entre les plumes et la laine, jusqu'à l'instant du vol.

Natures vives

Bread

Baking brings it that genuine cloisteredness, that slightly misshapen
elbow at each end of its body, that boat-like balance.
It offers its madness front on, in parallel, rather merry ruptures.
Perhaps it only reaches full abundance in that jig of grain gathered
on the side? We stroke its skin, but lay hold on it by the rough
ridges shot up like a protest at the moment of panic when it
thought it was to turn to charcoal.
(Besides, these crusty incoherencies have no purpose: they fascinate
and make crumbs)
Inside it is greatly submissive, more or less white, a rudimentary
sponge. It plots away with saliva.
After some dithering, it recovers its softness and the doughiness it
was developing.

Unstill Lives

The Bed

Oval caress, larger than we are when night orchestrates positions,
hips sideways on, head under arm.
Then the body gathers itself, the belly greeting it, between feathers
and wool, till the moment of flight.

Unstill Lives

L'escalier se tient ...

L'escalier se tient dans les genoux.
Montagne facile, lieuse de portes, mais pour gravir, déhanchement.
Dans son corps, le creux est la règle, et la cassure, rapide.
L'air tordu au centre des maisons vibre sur le clavier oblique, qui dans un recul bref, s'allonge.

Natures vives

Le lilas

Chaque fleur plus pâle à s'ouvrir !
Le soir viendra par les feuilles du grand arbuste, tout au fond du jardin brassé, gonflant la fraîcheur où se perdre ...
Qu'il se fasse par petites rides mauves comme les agissements de la pluie dans l'eau, avec le soir les averses de huit heures, ce conte pour oublier !
Tout le bois odorant sans mode quand le vent intervient ...

Natures vives

The staircase is all . . .

The staircase is all in the knees.
An easy mountain, a binder of doors, but to climb up, hip-
swinging.
In its body, the hollow is the rule, and fracture quick.
The twisting air in the middle of houses vibrates upon the slanted
keyboard, which, in brief retreat, stretches up.

Unstill Lives

Lilac

Every flower paler in the opening!
Evening will come through the leaves of the great shrub at the
bottom of the stirring garden, puffing up the freshness in which we
lose ourselves . . .
May it unfold in little purple ripples like the dealings of rain on
water, with, in the evening, the eight o'clock showers, that tale of
oblivion!
The whole sweet-smelling wood fashionless when the wind
intervenes . . .

Unstill Lives

La fraise

De belle mine et lourdement vallonnée, opéra-bouffe !
Assaillie d'une grêle menue, inscrite en alvéoles mats sur le brillant
du costume, pour un jeu de piques toujours débonnaire.
Le jardin s'allume sous l'arrosoir.

Quand on la tient, elle enseigne qu'elle fond dès l'abord de ses
hanches ; et l'on entre, avec un peu de terre . . .

Natures vives

The Strawberry

Good-looking and heavily undulating, a real opera-bouffe!
Attacked by minute hailstones, inscribed with dull honeycombing
upon the shininess of the costume, for a good-natured game of
spades.
The garden lights up beneath the sprinkler.
When one takes hold of one, it teaches us that it melts away as we
approach its hips; and we bite in, with a bit of earth . . .

Unstill Lives

Utah Beach . . .

—Utah Beach, rêve parallèle où la charrette tient encore . . .

Donne,

donne à toute fille éprise de folie sous la tendre dessiccation des
eaux, la torche massive cambrée aux cils de Jéhovah,

hypnose radieuse !

—Clepsydre,

rêve patient d'immuable clarté !

. . .Comme la graine désirant l'espace,

un vent s'élève qui me porte en mon centre,

ivre d'héliotropes . . .

—Polyphonie dans la nef des eaux !

. . .Fleur vénielle, j'implore par ce grand travail de frissons, par les
cloches de l'isthme et leur signifiance d'airain,

la fonction des ailes,

ou la trappe nonchalante de l'oubli.

Et si le vent trahit la flamme,

j'exige,

nue comme un cercle devant la source noire,

la volupté dans l'étau,

et ce vautour de Palestine dans un tombeau d'astres violents.

Natures vives

Utah Beach . . .

—Utah Beach, a parallel dream in which the barrow still holds up . . .
Give,
give to any love-mad young girl beneath the tender desiccation of
waters, the great arched torch with its Jehovah lashes,
radiant hypnosis !
—Clepsydra,
patient dream of unchanging brilliance !
. . .Like seed desiring space,
a wind gets up, bearing me within my center,
drunk with sunflowers . . .
—Polyphony in the waters' nave!
. . .Venial flower, I implore by this great work of quiverings, by the
isthmus' bells and their brassy manner,
the function of wings
or the casual trap of oblivion.
And if wind betrays flame,
I demand,
naked as a circle before the black spring,
delight within the vise,
and this Palestinian vulture in a tomb of violent stars.

Unstill Lives

Les feuilles de novembre . . .

Les feuilles de novembre
reprennent
    au silence
        ce tremblement d'étoiles
        que le vent accompagne
ronde calme de la germination

L'hiver
    poursuit
        son travail de taupe

Paroles de feuilles

November leaves . . .

November leaves
resume
   in silence
      the trembling of stars
      that the wind escorts
—quiet dance of germination

Winter
   pursues
      its mole's work

Leaf Language

Extase . . .

Extase
  retenue
    au vif de nous-mêmes
  herse douce
  vent d'étoiles
    l'infini perçu

Un voilier
  avance
—pèlerin de lumière

Paroles de feuilles

Longs chemins d'écorce . . .

Longs chemins d'écorce
gagnant l'été
sans mémoire de racines
      bourgeons secrets
      temple
          aux doigts de fleurs

Entre l'arbre et le chant
    l'espace de l'envol

Paroles de feuilles

Ecstasy...

Ecstasy
　　held back
　　　　in the quick of ourselves
　　gentle stage lights
　　wind of stars
　　　　the infinite perceived

A sailing-boat
　　　　moves forward
　　—pilgrim of light

Leaf Language

Long paths of bark...

Long paths of bark
reaching to summer
without memory of roots
　　　　secret buddings
　　　　flower-fingered
　　　　temple

Between tree and song
　　　　a space for taking flight

Leaf Language

DENISE BORIAS : 269

Spirale vive . . .

Spirale vive
    rythme d'étoiles
l'été parcourt
    le corps
        infini

Paroles de feuilles

Distance . . .

Distance
    brûlée
        par le don
au centre
        je te joins
le feu
    libère
        l'extase

Paroles de feuilles

Living spiral . . .

Living spiral
    rhythm of stars
summer traverses
    the body
      infinite

Leaf Language

Distance . . .

Distance
    burned
      by the gift
at the center
    I join with you
fire
    liberates
      ecstasy

Leaf Language

Jeanne Hyvrard

La baisure (extrait)

À la septième saison le corps se révolta
Il fallait que le malheur eût une fin
À cause de l'espérance

Alors commença le chagrin
L'attente
La contemplation du désastre

La folie avait servi à retarder ce moment-là

À la septième saison le temps était venu
Le corps décida de survivre
Quel qu'en soit le prix

Le prix en était l'oubli

Le corps décida l'oubli

Ce fut la fin du deuil
Le voile se déchira
La réalité apparut

Il avait fallu tout ce temps pour accepter de vivre

Le temps pour le ciel d'être vanné
Le temps pour le chemin de s'empierrer
Le temps pour les corbeaux d'enfanter

Une gestation mortelle
Une genèse d'horreur
Une épouvantable grossesse

The Shafting (extract)

In the seventh season the body rebelled
Unhappiness had to have an end
Because of hope

Then began grief
The waiting
The contemplation of disaster

Madness had helped to delay the moment

In the seventh season time had come
The body determined to survive
At whatever the price

The price was oblivion

The body decided upon oblivion

It was the end of mourning
The veil rent asunder
Reality appeared

All that time needed to accept life

Time for the sky to be winnowed
Time for the track to grow thick with stones
Time for the crows to have their young

A mortal gestation
A genesis of horror
A frightful pregnancy

Dans le creuset de la mémoire
Le ventre de la terre étouffait
La chair du désespoir fabriquait
La matrice des mots façonnait

À la septième saison le corps proclama la fin du deuil
Il avait duré trente-trois ans

Les portes de fer s'ouvraient sur le désert
J'avais tardé jusqu'aux limites du possible
Il était plus que temps

La folie avait servi à retarder ce moment-là

Il était venu quand même

Il fallait pouvoir supporter la fin du malheur

Il fallait accepter d'être deux
Et n'en pas mourir

Il fallait devenir

Il fallait accepter la libération

La perte des eaux
L'accouchement
La délivrance

Il fallait accepter l'assèchement

Il durait depuis le commencement des temps

Petit déjà tu occupais tout le chemin

Je marchais au bas-côté
M'excusant d'être

In the crucible of memory
The earth's belly could barely breathe
The flesh of despair conjured forth
The womb of words continued to fashion

In the seventh season the body proclaimed an end to mourning
It had lasted thirty-three years

The iron gates opened upon the desert
I had delayed to the limits of feasibility
It was more than time

Madness had helped to postpone the moment

It had come just the same

The end of unhappiness now had to be borne

One had to accept being two
And not die from it

A becoming was needed

One had to accept liberation

The loss of waters
The delivery
Deliverance

One had to accept the drying up

It had been going on from the beginning of time

Small you already took up the entire roadway

I walked along the shoulder
Offering excuses for being

Je marchais dans le talus
Coupable d'être

Je marchais sur le fossé
M'accusant d'être

Petit déjà tu occupais tout le chemin
Tu m'y jetais des pierres caché en embuscade

Tu me laissais la dînette
Pour me faire cuisinière

Tu me laissais les écheveaux
Pour me faire ravaudeuse

Tu me laissais les poupées
Pour me faire marionnette

Petit déjà tu étais généreux

Je pouvais marcher à coté de toi
Au bas-côté
Sur le talus
Dans le fossé

Petit déjà tu ne voulais pas que je vive
Mon ombre te menaçait par quel étrange aveuglement
Tu voulais le chemin pour toi seul
Je n'avais pas le droit de courir au ravin

Arlette
La belle Arlette au bord de l'eau
Arlette foulant le linge
Arlette au lavoir de la nuit

Elle rince sans fin la mémoire du commencement

Robert de Normandie revient de la chasse
Robert de Normandie est encore à la chasse

I walked along the incline
Guilty of being

I walked in the ditch
Accusing myself for being

Small you already took up the entire roadway
You threw stones at me from your ambushes

You left me the doll's tea-set
To make a cook of me

You left me the skeins
To make a darner of me

You left me the dolls
To make a puppet of me

Small already you were generous

I could walk beside you
On the shoulder
Along the incline
In the ditch

Small already you didn't want me to live
My shadow threatened you through what strange blindness
You wanted the roadway for yourself
I was not entitled to run down to the creek

Arlette
Lovely Arlette at the water's edge
Arlette treading the washing
Arlette in the washhouse of nights

Rinsing away endlessly the memory of the beginning

Robert of Normandy returns from hunting
Robert of Normandy is still out hunting

Il la guette tous les jours au lavoir
Il la mande à son père
Elle vient en apparat
Elle vient en pleine lumière dans le château de Robert
Robert le magnifique
Robert le Diable

Il ne l'épouse pas
Il ne le peut pas
La puissance n'épouse pas la mémoire

Et quand vient le temps que nature requiert
Arlette a un fils nommé Guillaume

La puissance n'épouse pas la mémoire
Ils enfantent l'héritier de l'oubli
Noble et roturier
Guillaume le bâtard

Petit déjà tu étais conquérant

Je survécus quand même
Objet de ton mécontentement
Objet de ta destruction
Objet de ton désir

Tu t'amusais de ma souffrance
Tu m'écrasais les tempes
Tu me broyais les doigts
Tu me tordais le corps

Tu devins un vrai homme

Enfermée chez mon père
Je rêvais de toi
Je ne voulais pas d'un bâtard
Mais je voulais d'un maître

Watching out for her every day at the washhouse
He summons her by her father
She comes in pomp
She comes brilliant with light to Robert's castle
Robert the Magnificent
Robert the Devil

He doesn't marry her
He cannot
Power does not marry memory

And when comes the time nature demands
Arlette has a son named Guillaume

Power does not marry memory
They produce the heir to oblivion
A nobleman and a commoner
Guillaume the Bastard

Small already you were a conqueror

I survived all the same
Object of your discontent
Object of your destruction
Object of your desire

You amused yourself with my suffering
You crushed my temples
You ground my fingers
You twisted my body about

You became a real man

Kept at home under my father's eye
I dreamed of you
I didn't want a bastard son
But I did want a master

Je marchais au bas-côté
Sur le talus
Dans le fossé
Je marchais haut et bas
Pierre et chemin
Chant et joie

Je survécus quand même
Dans l'attente de l'époux fabuleux
Brodant linge et chemises

Tu m'appris à trahir pour que je t'obéisse

Je te crus
Je haïssais ma mère
Je haïssais mes sœurs
Je haïssais toutes les femmes

Moi surtout

Je rêvais qu'un jour tu m'emmènerais

Guillaume le bâtard hérite de son père
Guillaume le bâtard devient duc de Normandie

Mathilde de Flandres ne veut pas du bâtard
Mathilde de Flandres ne veut pas du duché de Normandie

Mathilde la fière
Guillaume le bâtard
Cousin et cousine
Frère et sœur
Pareil et même
Consanguins
L'inceste de la force et du consentement
L'inceste du chant de la folie
L'inceste de la splendeur de l'impossible

I walked along the shoulder
On the incline
In the ditch
I walked high and low
Stone and roadway
Song and joy

I survived just the same
Waiting for the fabled husband
Embroidering linen and shirts

You taught me to betray so that I might obey you

I believed you
I hated my mother
I hated my sisters
I hated all women

Myself above all

I dreamed that one day you would carry me off

Guillaume the Bastard inherits from his father
Guillaume the Bastard becomes Duke of Normandy

Mathilde of Flanders wants nothing to do with the bastard
Mathilde of Flanders wants nothing to do with the Duchy of
    Normandy

Mathilde the proud
Guillaume the bastard
Cousins
Brother and sister
One and the same
Of the same blood
Incest by force and consent
Incest's song of madness
Incest's splendid impossibleness

Fou de rage il l'empoigne par les nattes
Fou de rage il la traîne dans la chambre
Fou de rage il la bat
Elle cède subjuguée
Elle cède au bâtard
Elle cède depuis mémoire de mère dans l'écrasement
Mathilde de Flandres dans le consentement millénaire
Elle épouse le fier seigneur qui la roue de coups

Pourtant
De Pâques à la Toussaint
Un exemple
Une mémoire
Un souvenir

Une femme très loin dans un souvenir de petite fille
Gémissant
Sanglotant
Vomissant
Une femme pleurant dans mes souvenirs
Une femme
Une petite fille
Un homme l'insultant
L'écrasant
La battant pour la faire taire
L'ombre d'une petite fille résistant
Un exemple
Une mémoire
Un souvenir
Enfoui
Enfui
En fuite
Une mémoire de lutte oubliée
Transmise quand même

La Baisure

Wild with rage he seizes hold of her braided hair
Wild with rage he drags her into the bed-chamber
Wild with rage he beats her
She yields in subjugation
She yields to the bastard
She yields since maternal time immemorial crushed
Mathilde of Flanders in centuries old consent
She weds the proud lord beating her black and blue

Yet
From Easter to All Saints' Day
An example
A memory
A recollection

A woman far away in a girl's recollection
Groaning
Sobbing
Vomiting
A woman weeping in my memories
A woman
A girl
A man insulting her
Crushing her
Beating her to silence her
The shadow of a girl resisting
An example
A memory
A recollection
Buried
Distant
In flight
A memory of forgotten struggle
Transmitted just the same

The Shafting

Que se partagent encore les eaux (extrait)

Le désordre crois-tu

Mais non

L'ordre de la totalité

Il ne parle pas
Comment saurait-il
Puisqu'il n'a d'autre activité que ce va-et-vient

Elle ne chante pas
Comment saurait-elle
Puisqu'elle n'a d'autre mère que la poussière de la terre

Il n'y a ni parole ni image
Ni serment ni injure
Ni entrave ni déchirement
Ils sont dans la plénitude d'être seulement elle et lui
Créés ensemble
D'un seul geste

Adam homme et femme réinventant le monde
Le rebord du plateau
Les rochers
Les avens
Les abîmes
Adam homme et femme recommençant le monde
Parce qu'ils sont retournés dans le sein de la terre
Si on peut appeler sein ce trou dans le rocher
On dirait plutôt un ventre

Let the Waters Divide (extract)

Disorder you think

Not at all

The order of totality

He doesn't speak
How could he
Since his only activity is this coming and going

She doesn't sing
How could she
Since her only mother is the dust of the earth

There is neither word nor image
Neither oath nor wronging
Neither shackle nor rending
They are in the fullness of being merely she and he
Created together
In a single gesture

Adam man and woman reinventing the world
The rim of the plateau
The rocks
The swallow-holes
The chasms
Adam man and woman beginning the world over
Because they have returned to the earth's bosom
If one may call bosom this hole in the rock
More like a belly

Un gouffre
Une bouche
Une matrice
Une anfractuosité
Ce gouffre creusé par les eaux
Le sable et le vent
Pour que le temps lui-même permette tous les recommencements

Mémoire les anémones dans le chaos du rocher
Mémoire les pulsatilles
Mémoire les pulsations de la mémoire
Les corolles roses et mauves parlant d'un autre temps

Mon corps de batracien accroché à ton flanc
Au milieu des fougères
Ta chair sans fin étendue au-dessus de moi
L'enlacement des pieds et des mains
Des corps aussi
Ton rire d'homme
Tant est grand ton plaisir
Qu'il suffit à déclencher la joie parfaite
Et les chevaux accourus
D'avoir senti l'odeur de l'amour

Que se partagent encore les eaux
Pour qu'ils apprennent ensemble
Que parfaite fut leur union
Sur le causse
Dans la grotte
Dans les sables de la mémoire
Car ils avaient été créés ensemble
Dans la même poignée de terre
Au milieu des buis
Des genévriers
Des amélanchiers
Sur la terre sans clôture
Sous le ciel sans limite
Dans le temps sans matin

A vortex
A mouth
A womb
A sinuousness
The gulf hollowed out by waters
Sand and wind
So that time itself may allow every renewal

Memory anemones in rock's chaos
Memory pulsatillas
Memory the pulsings of memory
Pink and purple corollas telling of another time

My batrachian body grappled on to your flank
In the midst of ferns
Your flesh endlessly stretched out over me
Feet and hands interlaced
Bodies too
Your man's laugh
So great is your pleasure
That it alone sparks off perfect joy
And the horses come running
Having caught the smell of love

Let the waters divide once more
So they may learn together
That perfect was their union
Upon the causse
In the grotto
In the sands of memory
For they had been created together
From the same handful of earth
In amongst box-trees
Junipers
Shadberries
Upon the unfenced earth
Beneath the unbounded sky
In time without dawn

Que se partagent encore les eaux
Pour que recommence avec toi
Ce parfait projet
Du jour intact d'être neuf
Parce qu'aucune parole n'a été échangée

Que se partagent encore les eaux

Let the waters divide once more
So that with you may begin afresh
The perfect project
Of day unblemished in its newness
For no word has been exchanged

Let the Waters Divide

Ton nom de végétal (extrait)

Investir l'objet, lui dénier toute possibilité d'être autre que soi, vider
la place de l'essence qui l'occupe, la remplir de la projection qu'on
fait de soi en toute la place, pour que le monde ne soit pas autre
chose que la propagation de soi, la propagande, le marcottage à
l'identique des greffons de soi. Abolir tout ce qui n'est pas soi.
Abolir la création. Transformer le monde pour le rendre pareil à
soi.

Abolir le monde. Placer devant soi les greffons exhibés de soi.
Bouturer, greffer, marcotter, propager, faire produire, proliférer,
fructifier l'autre en le plaçant devant soi pour s'en faire un rempart
entre le monde et soi.

Statuere, planter, placer, statuer, prononcer. *Prostituere*, placer
devant soi, exhiber en public l'être qu'on a placé devant soi pour le
regarder, investir, s'y projeter, spéculer, investir. L'émissaire de soi,
le représentant, le montré, le monstre, l'histrion, l'hystérique
enfermé dans la matrice qu'on lui a fabriquée.

De celle qui l'a gesté en la pensée polaire, jon se souvient.

Fabuleux théâtre de la représentation médiatique, ô le sacré de
l'émission. En le lieu de la vision, la Grande Représentation.

Fabuleux théâtre de la réalité déréalisée. O la matrice cybernétique,
dans le lieu de la vision, la Grande Prostituée, le corps commun de
la publicité.

Babylone, Babylone, de toi je me souviens.

Ton nom de végétal

Your Plant Name (extract)

Invest the object, deny it any possibility of being other than itself,
empty place of the essence occupying it, fill it with the self's-
projection throughout, so that the world is nothing else than
propagation of self, propaganda, the layering in identical manner of
self-graftings. Abolish all that is not self. Abolish creation.
Transform the world to make it like self.

Abolish the world. Place before self the displayed graftings of self.
Pipe, graft, layer, propagate, have produced, proliferate, bring the
other to fruition by placing it before self to make a rampart of it
between the world and self.

Statuere, plant out, position, decree, pronounce. *Prostituere*, place
before self, display publicly the being placed before self in order to
look at it, invest it, project oneself therein, speculating, investing.
Self's emissary, representative, the shown thing, the monster, the
histrion, the object of hysteria locked up in the womb
manufactured for it.

She who gestated it in polar thought, Iwe remember her.

Fabulous theater of media representation, oh the sacredness of
transmission. In the place of vision, Grand Representation.

Fabulous theater of derealized reality. Oh cybernetic womb, in the
place of vision, the Great Prostitute, the common body of publicity.

Babylon, Babylon, I remember you.

Your Plant Name

Martine Broda

Poésie avec la hache . . .

poésie avec la hache
poésie avec l'amour
de ceux qui n'ont pas su aimer

mais qui sont morts pour vivre pour
que nous vivions

est-ce que nous nous reverrons
reverrons plus jamais

mais qui se sont avancés
mais qui se sont avancés
sur le terrible creux du ciel

contre la paume où se reflète
si bleu si calme
se joue et à jamais perdu
à qui perd gagne

est-ce que nous reverrons
ce jette un fil au lieu du ciel
d'étoile à étoile

reverrons plus jamais

qui coupe à la hache
à l'amour

notre

Tout ange est terrible

Poetry with an axe . . .

poetry with an axe
poetry with the love
of those who have not known love

but who have died to live so
that we may live

shall we see one another again
see ever again

but who have gone forward
but who have gone forward
upon the awful hollowness of the sky

against the palm in which is mirrored
so blue so still
is played out and forever lost
a Pyrrhic victory

shall we see again
this casts a thread in the stead of the sky
from star to star

see ever again

cutting with an axe
with love

our

Every Angel is Awful

Je t'ai cherché . . .

je t'ai cherché
parmi l'horreur dont tu te vêts beauté
je ne t'ai pas trouvé
sur une berge de solitude et de soie bleue
où tout bruit de ville assourdit d'enfer
le bruit de pas au fond du corridor
où ne t'attendait pas boueuse ta mort
ni clignotant malheur de vivre
j'ai relu ta page à l'envers
décousue du martyre
sur la paix des palmures de l'eau
où ton visage tourne
amont

Tout ange est terrible

I have searched for you . . .

I have searched for you
amid the horror that clothes you beauty
I have not found you
upon a bank of solitude and blue silk
where every city noise deafens with hellishness
the sound of steps at the end of the hallway
where your death did not await you in mud
nor life's misfortune flickering
I have again read over your page back to front
rambling of martyrdom
upon the peace of the palmations of water
where your face turns
upstream

Every Angel is Awful

Cette beauté brûlante . . .

cette beauté brûlante—sans partage
de peu d'yeux, de peu de fois
comment la dire
si lourde ô si lourde à porter
comme le souffle du terrible
silence inconsolé
sur les terres toujours seules les terres
d'îles dans la voix
comment la couvrir d'aile
l'ouvrir la partager

Tout ange est terrible

Il n'a laissé . . .

il n'a laissé qu'un souvenir perdu
brillant comme un saccage

    illuminée je fus
    l'ange de longue nuit
    un pur abstrait des feuilles

    que la lumière brève
    soit

Tout ange est terrible

This burning beauty . . .

this burning beauty—undividedly
of few eyes, of few occasions
how can it be spoken
so heavy oh so heavy to bear
like the breath of terrible
silence beyond consolation
upon the ever deserted lands the lands
of islands within the voice
how can I cover it with wing
open it up share it

Every Angel is Awful

He has left merely . . .

he has left merely a lost memory
glittering like plunder

   illuminated I was
   the long night angel
   a pure abstract of leaves

   may brief light
   be

Every Angel is Awful

Lorsque ceux . . .

lorsque ceux qui ont passé les douleurs
se retrouvent face à face en haillons
vite ils se mettent nus
leur peau éblouie par le sang
ils se réchauffent à la grande chaleur

et c'est l'amour incroyable
bleu comme ton regard oublié
il rejaillit plus beau qu'autrefois
nous le buvons comme la vie

il guérit
des squames tombent de la plaie

Ce Recommencement

When those . . .

when those who have surpassed pains
meet up face to face in tatters
quickly they strip naked
their skin dazzled by blood
they warm themselves by the great heat

and it is incredible love
as blue as your forgotten gaze
spurting forth more lovely than before
we drink it in like life

it heals
scales fall away from the wound

This Starting Over

Ce recommencement . . .

ce recommencement

comme un trait brûlant
la peau et suppliant
l'énigme   désirer

ce recommencement tant

quand lasse
incline

un regard un retrait une

Ce Recommencement

This starting over . . .

this starting over

like a shaft burning
the skin and entreating
enigma   desiring

this starting over so much

when tired out
bows low

a gaze a withdrawal a

This Starting Over

Quand soudain . . .

quand soudain s'illumina
cette ville banale

j'ai sous l'orage de neige
supplié la douceur entrevu l'incendie
livrée transparente à la joie

j'ai su qu'à la porte aveugle
cette fois sans tordre mes poignets

couleur fixant la joie
sans souci de lui appartenir

Ce Recommencement

Rêve têtu . . .

rêve têtu
d'une aurore sororale
soufflée par la passion du vent

main fraîche sur l'aridité des brûlures
désespoir mais qui rouvre les sources

elle serait la couleur posée sur le monde
qui rendrait au regard les paysages perdus

Ce Recommencement

When suddenly . . .

when suddenly burst into light
this banal city

beneath the snowy storm I
entreated gentleness glimpsed the fire
committed transparent to joy

I knew that at the door blind
this time without twisting my wrists

color staring at joy
without concern for belonging to it

This Starting Over

Stubborn dream . . .

stubborn dream
of a sisterly dawn
blown by the wind's passion

fresh hand on the aridness of burns
despair that yet opens up the fountainheads

it would be the color placed upon the world
that would return to the gaze the lost landscapes

This Starting Over

Jeannine Baude

Cantique, suzerain . . .

Cantique, suzerain de ce chant, glyptique
ouvragée à même le roc, s'inclinent, d'une
génuflexion répétée longtemps dans le silence
marin, vers ce point d'orgue où le soleil paraît.
La faille n'a plus d'attente. Que vivre, ouverte,
toujours.

Parabole de l'Eolienne

Je ne me moque pas . . .

Je ne me moque pas. Je résiste.
Sang et sens croisent le fer dans ma chair.
J'invente un souvenir d'eau lustrale. Une route.
Quelque part un but. Vouloir inverser le lieu de
son désir. Tout le risque de l'homme réside là.
Il accorde à son corps un désaveu céleste. Il ne
sait pas qu'il peut rejoindre le feu. O se brûler
les mains, avouer son désarroi, hurler de joie.

Parabole de l'Eolienne

Canticle, suzerain . . .

Canticle, suzerain of this song, glyptic
worked into the very rock, bowing low, in
a genuflexion long repeated in the silence
of the sea, towards the fermata in which the
sun appears. The break is beyond expectation.
Other than life, open, always.

Parable of the Windmill

I don't mock . . .

I don't mock. I resist.
Blood and meaning cross swords in my flesh.
I invent a memory of lustral water. A road.
Somewhere an aim. Wanting to invert the locus of
one's desire. Man's entire risk dwells there.
He grants his body a celestial disavowal. He doesn't
know he can connect with the fire. Oh, to burn
one's hands, to confess one's disarray, to scream for joy.

Parable of the Windmill

C'était l'éveil . . .

C'était l'éveil
entre les hautes murailles
et les champs infinis
la pierraille brûlée

L'eau vive une fois venue
et revenue
lavée
qui acclimate le sable
et la musique
ajuste un même accord

C'était un paysage

C'était l'arche . . .

C'était l'arche du regard
et cette luminosité
transparente des pierres
Cette figure en creux
qui désignait
ce qu'elle avait oublié
sur le chemin
jusque-là
factice

C'était un paysage

It was the awakening . . .

It was the awakening
between the high walls
and the infinite fields
the burnt rubble

Running water once come
and returned
washed
acclimatizing sand
and music
tunes a same chord

It Was a Landscape

It was the arching . . .

It was the arching of the gaze
and the transparent
luminousness of the stones
The hollow face
that pointed to
what she had forgotten
on the path
until then
fake

It Was a Landscape

Eclats de sel . . .

Eclats de sel
revenus
à la jouissance dernière
Entaille éphémère
que tu poursuis
dans le cheminement sec
ourlé de bleu

C'était un paysage

J'ai tant cherché . . .

J'ai tant cherché
dans la musique des mots
cet innommable
ce furtif froissement
entre une grève brûlée
et l'eau vive qui tient
le visage des dieux
entre ses paumes
blettes

C'était un paysage

Salt bursts . . .

Salt bursts
returned
to their latest pleasure
Ephemeral notching
you stick to
in the dry traversal
blue-hemmed

It Was a Landscape

I have sought so much . . .

I have sought so much
in the music of words
the unnameable
the furtive rustle
between a scorched beach
and the running water that holds
the face of the gods
in its over-ripe
palms

It Was a Landscape

La marche proférée . . .

La marche proférée
souvent
mitoyenne de la parole
conduit là
où l'espace et le corps
s'effacent
durablement
On ne sait rien
encore
de ce jeu
sinon cette trace
qui bute contre l'horizon
et la page
qui s'avouait stérile
avant que tu veuilles bien
la prendre entre tes mains
telle une femme exquise
dont la fente s'écoule
entre tes doigts

C'était un paysage

The articulated . . .

The articulated
so often adjacent march
of speech
leads
to where space and body
lastingly
are erased
We know nothing
yet of this game
except the trace
that stumbles over the horizon
and the page
confessed sterile
before you kindly
take it in your hands
like an exquisite woman
whose sex flows
between your fingers

It Was a Landscape

Ecrire ...

Ecrire
ce n'est rien d'autre
que durer
dans l'oscillation des terres
et le vacarme hurlant
de la soif
qui s'enténèbre

C'était un paysage

Ar Korz

S'enfoncer au plus près des sables
Estuaires jaunis de fleuves asséchés
Grappes d'oiseaux fertiles
Appentis ravagés par l'étrille des mers
Espace de lichens

Empreinte décuplée de l'homme
entaille éphémère
circoncit un nodule d'agathe
entre deux scories

TOUTE PAROLE REVIENT A LA TERRE

Ouessanes

Writing . . .

Writing
is nothing else
than holding out
in the oscillation of lands
and the screaming din
of thirst
that darkens over

It Was a Landscape

Ar Korz

Sinking in right by the sands
Yellowed estuaries of dried up rivers
Clusters of fertile birds
Lean-to shacks ravaged by sea-crabs
Lichen space

The tenfold imprint of man
ephemeral notching
circumcizes an agate nodule
amongst loose slag

ALL LANGUAGE RETURNS TO THE EARTH

Ouessanes

Cadoran

Le poème est cette langue dure
qui tressaille entre les herbes
tel la rivière au soleil couchant

Ouessanes

Kerc'here

La fenêtre ouverte
sur l'immensité nue

Corolle offerte au désir

Le visage enfoui
dans le pollen d'été

Ouessanes

Cadoran

The poem is this hard language
quivering amongst the grasses
like the river in the setting sun

Ouessanes

Kerc'here

The window open
upon the bare vastness

Corolla held out to desire

The face buried
in the summer pollen

Ouessanes

Solitude

Je marche
solidement plantée
sur la terre d'exil

Ne rien gaspiller
de l'espace offert
Trace souveraine

Ouessanes

Mouvement salutaire . . .

Mouvement salutaire de l'eau
Gîte feuillu
Signe arbitraire   Oser
placer son corps dans les vagues

Ouessanes

Solitude

I walk
firmly planted
upon the land of exile

Waste nothing
of the space offered
Sovereign trace

Ouessanes

Salutary movement . . .

Salutary movement of water
Leafy shelter
Arbitrary sign   To dare
to put one's body in the waves

Ouessanes

Je n'ai jamais pris . . .

Je n'ai jamais pris de routes
qui mènent ailleurs
Seul le sel dessine l'endroit
où l'eau bleue s'alourdit
où poser le regard du ciel

La barque quelque part attend

Ouessanes

La morsure vient . . .

La morsure vient du gel
les mots fuyant la démesure
Quand l'eau reste prise
Encre givrée de la terre déjà
promise

Ouessanes

I have never taken . . .

I have never taken roads
that lead elsewhere
Salt alone maps out the place
in which the blue water becomes heavier
the sky's gaze may be laid to rest

The boat somewhere awaits

Ouessanes

The bite comes . . .

The bite comes from the freezing
words fleeing from excess
When water remains caught
Frosted ink of the already promised
land

Ouessanes

Marie Étienne

Comme cette femme . . .

Comme cette femme
immédiatement après la tombée de la nuit

que l'on disait avoir été vue sur le grand pont de bois lequel était
d'une longueur considérable, près de la Croix Dorée. Placée sur un
mur en saillie de la grande arche, celle-ci faisait la limite de deux
paroisses et signalait également le bureau de péage

Les eaux sont si basses et je suis si souvent engravée
disait la femme
je m'y ennuie, si seule
si peu couverte de bateaux

Péage

Like that woman . . .

Like that woman
straight after nightfall

that people said had been seen on the great wooden bridge which
was of considerable length, near the Golden Cross. Placed on a wall
jutting out from the main archway, the latter marked the boundary
between two parishes and also indicated the toll office

The waters are so low and I am so often silted up
said the woman
I feel so alone here, so abandoned
so few boats passing over me

Toll

La vérité . . .

La vérité. Elle est ceci cela, mais non pas ce noyau. Dépecez un oignon, vous verrez bien qu'il fond

Il faut tout dire pour que le compte y soit : crépitement des vieilles pierres une à une liées, verticale sans espoir, un jour et puis un jour et puis un jour

Que de fatigue. Le va-et-vient des seaux épuise. Vous dire quoi. Pas même un mémento. De temps à autre des pétards. Je ne m'emporte nulle part

Péage

Si peu sois-tu . . .

Si peu sois-tu dis-le me dites-vous

Mais je n'ai qu'une main à tâtons. Traversée de multiples façons, par vos soins et par ceux des autres, maintes fois ramassée, si mal tendue d'un os à l'autre, sous la torture que vous dirais-je ?

Ton éthiopie la véritable, arêtes et têtes et mers, le tout

Péage

Truth . . .

Truth. Is this or that, but not the kernel. Cut up an onion, you'll see
it melts away

All must be said for the count to be right: the crackling of old
stones bound one to the other, rising up without hope, one day and
then another and another

What tiredness. The coming and going of buckets is exhausting.
Tell you what. Not even a memento. From time to time firecrackers.
I never get carried away anywhere

Toll

However little you are . . .

However little you are tell me you say to me

But I have merely a groping hand. Run through in so many ways,
with your attentions and others', many a time gathered up, so ill-
strung from one bone to the next, under torture what might I tell
you?

Your Ethiopia the real one, ridges and heads and seas, everything

Toll

Poussée de l'intérieur . . .

Poussée de l'intérieur comme un gant montre ses peluches, bientôt
ne serai plus que mes mots en allés, et la pelisse douce qui servait
d'enveloppe

Il a le sexe encore très droit, comme si c'était ses épousailles. Seule
une épaule capte l'ombre. Des hommes sont assis. Leurs mains
s'écrasent sur les tables

L'allée mûrit jusqu'à la route. Un seul oiseau désert. Orange des
paupières

Péage

Pushed inside out . . .

Pushed inside out like a glove showing its lining, soon shall I be no
more than my departed words, and the sweet cloak that wrapped
me round

His penis is still very erect, as if it was his wedding day. Just one
shoulder catches the shadow. Men are sitting about. Their hands
thump on the tables

The lane ripens out to the road. A single abandoned bird. Orange
of eyelids

Toll

Une femme dit-on . . .

Une femme dit-on s'est noyée
un homme en sens inverse
l'a retenue
l'a projetée

La Loire montre ses bancs
de sable où des oiseaux
servent de branches
le ciel très noir
est une annexe du domicile

Cependant la fête poursuivait son cours vin d'hypocras gâteaux
étaient amoncelés devant les plus hauts dignitaires tous les
membres du corps enseignant tous les fidèles ou agents de
l'université dans des proportions fixées par la loi variables avec les
grades et les offices de chacun

Péage

A woman they say . . .

A woman they say was drowned
a man going in the opposite direction
held her back
tipped her over

The Loire reveals its sandy
banks where birds
act as branches
the very dark sky
is an attachment to the house

Meanwhile the celebration went on its way hipocrass wine cakes
were heaped up before the highest dignitaries all the members of
the teaching staff all the faithful or agents of the university in
proportions established by law according to rank and duties of each

Toll

Au nom de Dieu . . .

Au nom de Dieu
et à la mémoire de
la défunte honorable
femme nommée Racine
vivante sage et
recherchée par l'eau
laquelle décéda le dix
sept de juillet mille . . .
par son ouvrage
a laissé le reflet
quotidien et perpétuel
d'une femme ordinaire
à trouver près d'un fleuve
d'un pont ou tout autre lieu
à charge
que les gagers perpétueront
ce qui se tait
et pourtant se connaît
fait divers ou légende

Péage

In the Name of God . . .

In the name of God
and in memory of
the honorable deceased
woman named Racine
wise-living and
sought out by water
who passed away on the
seventeenth of July one thousand . . .
through her work
left the daily and
eternal image
of an ordinary woman
to be found along a river
by a bridge or any other loading
place
that toll-keepers will perpetuate
what is not said
and yet is known
real event or legend

Toll

Les pieds saignaient . . .

Les pieds saignaient pour retrouver le père

Que les soldats cherchaient à coups de sabre

La mère priait sur les genoux allait

En haut d'une montagne elle essayait

De ne pas perdre l'équilibre ni le

Courage un paysan levait la tête

Parlait en regardant la femme qui

Chevauchait la crête les jambes pendantes

Elle allait sans chaussures elle amenait

Aux portes le pire des colis la guerre

Katana

Feet bled . . .

Feet bled to find the father

That soldiers sought out saber-hacking

The mother prayed on her knees went

To a mountain top trying

Not to lose her poise nor her

Courage a farmer looked up

Spoke as he watched the woman

Clambering over the ridge her legs dangling

Walking without socks bringing

To doors the worst of parcels war

Katana

Pour sculpter . . .

Pour sculpter des soldats des massacres on

Fuyait on ignorait quelle figure

Aurait la trahison et si le jour

D'après serait possible les agresseurs

Portaient des piques des sabres des bâtons

Des baïonnettes des paniers à cochons

Pour déposer les têtes sous l'escalier

L'homme s'était dissimulé débris

Que les fleuves abandonnent le sexe dans

Les mains on n'entendait pas d'arme à feu

Katana

To sculpt . . .

To sculpt soldiers slaughterings people

Fled not knowing what image

Would be treasonous and whether the following

Day would be possible the aggressors

Bore pikes sabers sticks

Bayonets pig baskets

To put heads in under the stairs

The man had disguised himself debris

That rivers wash up penis in

Hand no shooting could be heard

Katana

Ils poussent . . .

Façons de fruits (Marchands des rues)

Ils poussent des cris
Les marchands des rues
Leurs sucres ont des formes
De mains de bouddha
Qui châtaignes achète ?

Figues prunes molles
Roulées dans des feuilles
Gingembre cédrats
Fumés de cannelle
Qui haricots noirs ?

Pour confire les graines
On cuit sous le sable
On pousse jusqu'à
La dessication
Qui gâteau riz vert ?

Katana

They utter . . .

Fruit modes (Street merchants)

They utter cries
Street merchants
Their sugar is shaped
Like buddha hands
Who buys sweet chestnuts?

Figs soft plums
Rolled up in leaves
Ginger citrons
Cinnamon-smoked
Who black beans?

To preserve seeds
You cook under sand
You go as far as to
Dry completely
Who green rice cake?

Katana

Marie Redonnet

Le mort & cie (extrait)

---

le nain ramasse
les morceaux
de la carafe du roi

le train des apôtres
s'arrête
dans toutes les gares

la neige fond
le plus petit nain
abandonne son traîneau

toutes les places
sont réservées
dans la charrette du mort

la liste des apôtres
est affichée
partout

la pomme du paradis
finit de pourrir
dans la corbeille du roi

le plus petit nain
dénoue son mouchoir
il est vide

Dead Man & Co. (extract)

the dwarf picks up
the pieces
of the king's decanter

the apostles' train
stops
at every station

the snow melts
the smallest dwarf
abandons his sledge

all seats
are reserved
in the dead man's cart

the list of apostles
is posted
everywhere

the apple of paradise
ends up rotting
in the king's basket

the smallest dwarf
undoes his handkerchief
it is empty

la lanterne du fou
reste allumée
dans la maison de dieu

les graines du paradis
n'ont rien
donné

le royaume
trop petit
pour un grand voyage

le plus petit nain
n'a pas été
appelé

les apôtres
construisent
de nouvelles gares

la robe du nain
a toujours besoin
de retouches

le nain a trouvé
son ombrelle au fond
du coffre du roi

les petits souliers
sont restés
dans le temple

the madman's lantern
remains lit
in the house of god

the seeds of paradise
have produced
nothing

the kingdom
too small
for a long journey

the smallest dwarf
has not been
called

the apostles
build
more stations

the dwarf's robe
still needs
slight alterations

the dwarf has found
his parasol in the bottom
of the king's chest

the small shoes
have remained
in the temple

les limites du royaume
n'ont jamais été
établies

le plus petit nain s'est gardé
un morceau de brioche
pour la fin

les apôtres
occupent
les places vides

le fou et le nain
jettent les clés
de la maison de dieu

le nain et le fou
clouent les planches
à la fenêtre du roi

le nain sort
du royaume
avec un cartable vide

EN FILE INDIENNE
LES JOUEURS DE PIPEAU
QUITTENT L'EMPIRE ETERNEL

Le Mort & cie

the limits of the kingdom
have never been
established

the smallest dwarf has kept
a piece of brioche for himself
until last

the apostles
take up
the empty seats

the madman and the dwarf
throw away the keys
to the house of god

the dwarf and the madman
board up
the king's window

the dwarf leaves
the kingdom
with an empty satchel

IN SINGLE FILE

THE PIPERS

LEAVE THE ETERNAL EMPIRE

Dead Man & Co.

Claire Malroux

Les mots pénètrent . . .

Les mots pénètrent
        Pluie
Qui fait fumer et fume
L'humus endormi
        Ils volent
Plus haut que l'aigle
Et ce sont des anges
        Ils tombent
Et ce sont des cailloux
Traçant des cercles rougis
Dans la mémoire
        Sperme
Entre les draps du jour
Le sexe jouit
De l'illusion
        De ne pas mourir

Entre nous et la lumière

Words penetrate . . .

Words penetrate
                    Rain
That steams and fertilizes
The slumbering humus
                    They fly
Higher than the eagle
And they are angels
                    They fall
And they are pebbles
Tracing reddened circles
In memory
                    Sperm
Between the sheets of day
Sex enjoys
The illusion
                    Of not dying

Between Us and the Light

Jeux de lamer...

Jeux de la mer
Ces fleuves ne franchiront pas
Le versant d'une plage
Écriture méandreuse dans la marge

Le vrai texte bruit au loin
Serré sur lui-même
Volutes
Impénétrables

Les mots errent en lisière
Avec la vie   poursuite
Yeux bandés
Entre l'irradiante douleur
Et le noyau laiteux
Le cœur de l'amande

Parfois la main
Touche une substance
L'errance ôte son bandeau
Et dans son évidence la parole
Rassemble l'évasif

Entre nous et la lumière

Sea games . . .

Sea games
These rivers will not go beyond
A beach's incline
Meandering writing in the margins

The real text rumbles in the distance
Pressed tight upon itself
Impenetrable
Whorls

Words roam about in leading-strings
With life   tracking
Blindfold
Between spreading pain
And the milky kernel
The heart of the almond

At times the hand
Touches something solid
Roaming removes its bandage
And in its manifestness speech
Gathers up the evasive

Between Us and the Light

Baroque

Loin des musiques d'éclairs et de vent
Chaos d'astres, bribes d'opéra flottant
Je piétine ce qui bruit au ras du sol
Les écailles de l'écorce, les milliards de feuilles grimoires
La langue bifide du serpent
Comme si avec le suc de cette vigne noire
Je pouvais fabriquer un acide pour décaper le temps
Libérer dans chaque atome un ange radieux barbare
Qui ne serait pas le papillon cloué sur l'or de l'icône
Ni le baroque chrysanthème au fond du chœur
Chevelure de pâtre guidant de noirs troupeaux
Egarés dans les plâtres

Mon ange n'est pas éternel : j'ai touché ses mains
Et sur ses pieds j'ai versé quelques larmes
Orion ressuscité dans l'arc-en-ciel
La neige des fleurs, le frai du torrent
L'ombre lumineuse des clairières
Réchauffant sous ses pas le marbre de l'aube
Bleuissant les seins de la mer, nageant
Entre deux eaux, soufflant entre deux brises
Furtif, affleurant entre deux mots, effleurant
Le cou, les lèvres, ébauchant le geste inespéré

Plus dense entre ciel et loup
Dans le silence il passe sans tourner la tête
Et je ne connaîtrai jamais son visage sa gorge d'oiseau
Ses yeux comme deux gouffres

Suspens

Baroque

Far from the music of lightning and wind
Chaos of stars, snippets of floating opera
I tread what rustles at ground level
Scales of bark, billions of scribbled leaves
The snake's forked tongue
As though with the juice of black vines
I could concoct an acid to scour time clean
Set free in each atom an uncouth radiant angel
That would not be the butterfly nailed to the icon's gold
Nor the baroque chrysanthemum at the back of the choir
Shepherd's hair guiding black flocks
Lost in amongst the plaster-work

My angel is not eternal: I have touched his hands
And on his feet I have shed a few tears
Orion brought back to life in the rainbow
The snow of flowers, the torrent's spawnings
The light-filled shadow of glades
Warming underfoot the marble of dawn
Blueing the breasts of the sea, swimming
Between two waters, blowing between two breezes
Stealthy, surfacing between two words, brushing
My neck, my lips, doing the unhoped-for

Denser in the wolfish twilight
In silence he goes by unheeding
And I shall never know his face his bird throat
His eyes like two chasms

Suspense

La très sainte bave

Un rire, un gros soupir, a secoué l'horizon
Et quelque chose a jailli, des poussières de crachat
Au prisme d'arc-en-ciel, des fils
De laine emmêlés couleur de vieux nids
Ou de ces brebis que l'on voyait jadis
Non loin des tours de la capitale, serrées
A l'ombre d'un grand hêtre sur une île
Où des pommiers sauvages tordaient leurs bras
Mais on ne voulait plus de cette Arcadie-là
Les oiseaux tombaient en diamants
Cherchant au sol leur couronne
Le vent fouillait sous la robe de la mer : des poils
Clairsemés, des touffes blanchies ; il en retira
Un amas de plumes grelottantes
Et une à une les effeuilla comme des marguerites
Ainsi la chair des choses se déchire
Sans os pour la retenir, mucus ou méduse
Empreinte d'une eau salie sur le sable

Suspens

Most Holy Slobber

Laughter, a heavy sigh, shook the horizon
And something shot forth, rainbow-shimmering
Spittle dust, tangled strands
Of wool the color of old nests
Or the ewes one once used to see
Not far from the towers of the capital, clustered
In the shade of a tall beech tree on an island
Where wild apple-trees wrung their arms
But people wanted nothing more of such an Arcadia
Birds fell about like diamonds
Seeking out their crown on the ground
The wind rummaged beneath the sea's robe: sparse
Hair, whitened tufts; pulled out
A mass of shivering feathers
Stripping them one by one, she loves me, she loves me not
Thus does the flesh of things tear open
Without bones to hold it, mucus or medusa
Imprint of muddied water upon the sand

Suspense

Esther Tellermann

Je veux . . .

Je veux construire.
Mon dos s'applique.

—Choisissez l'arbitraire.

Trois plans inhumains

Concevoir l'Homme . . .

Concevoir l'Homme.
Dissonance ou vibration ?

Trois plans inhumains

I want . . .

I want to build.
My back works hard at it.

—Choose arbitrariness.

Three Inhuman Levels

Conceiving Man . . .

Conceiving Man.
Dissonance or vibration?

Three Inhuman Levels

Crainte est . . .

Crainte est.
L'air grise.
Ils atteignirent.
L'objet ne fut pas.

Trois plans inhumains

L'Histoire . . .

L'Histoire aura retenu
le geste inaccompli.

Trois plans inhumains

Fear is . . .

Fear is.
The air intoxicates.
They reached.
The object was not.

Three Inhuman Levels

History . . .

History will have retained
unaccomplished gesture.

Three Inhuman Levels

Ce lieu peigné . . .

Ce lieu peigné
parvint.
De façon fragmentaire.

Trois plans inhumains

Marées dessous . . .

Marées dessous.
Fougères.
—A la hauteur placée
votre jeu défaille.
"Transformez la plainte
en polyphonie."

Distance de fuite

This combed place . . .

This combed place
succeeded.
In fragmentary fashion.

Three Inhuman Levels

Tides below . . .

Tides below.
Bracken.
—At the positioned mark
your game falters.
"Transform indictment
into polyphony."

Vanishing Distance

Le récit . . .

Le récit était principe
de la décimation.

—C'était l'empreinte
de votre exil
l'incapacité à résoudre
la respiration de l'espace
ce point lancé.

Distance de fuite

Attente comme . . .

Attente comme tessons.

—Je n'avais pour prier que le balancement.

Elle a reporté sa douleur.

Distance de fuite

The narrative . . .

The narrative was a principle
of decimation.
—It was the imprint
of your exile
the inability to resolve
the breathing of space
that flying dot.

Vanishing Distance

Waiting like . . .

Waiting like shards.

—To pray I had merely fluctuation.

She deferred her pain.

Vanishing Distance

Ville peinte . . .

Ville peinte.
Les plans hauts des jardins
interrompent la falaise
un Ange écrit la scène
des trois paysages
par identification à l'air.

Distance de fuite

Boutres et ports . . .

Boutres et ports
leurs bracelets de coco.
Boutres et rives
reflets de mousson.
Qui te baigne ?
Châle ou palétuvier ?

Distance de fuite

Painted town . . .

Painted town.
The high levels of the gardens
interrupt the cliff
an Angel writes the scene
of the three landscapes
by identifying with the air.

Vanishing Distance

Dhows and harbors . . .

Dhows and harbors
their coconut bracelets
Dhows and riverbanks
monsoon reflections.
Who bathes you?
Shawl or mangrove?

Vanishing Distance

Sur la cassure . . .

Sur la cassure du monde
le regard n'embrassait pas
ni le mot ne réduisait la plaine
les chaos nous menaient
vers les lieux contenus.

Distance de fuite

Upon the fracture . . .

Upon the fracture in the world
the gaze could not take in
nor could the word reduce the plains
chaos upon chaos led us
towards contained places.

Vanishing Distance

Michelle Grangaud

Geste (extrait)

On annonce le
vol en provenance
de Barcelone à la porte trente-deux.

Elle est allongée
sur le dos, dans l'herbe.
Elle croit tomber en regardant le ciel.

Sur l'échafaudage
que le vent balance,
il repeint en sifflant le mur de l'immeuble.

Un car de transport
scolaire est tombé
dans un ravin : 6 morts et 22 blessés.

Elle a cassé le
thermomètre pour
jouer avec les boules de vif-argent.

Il souffle sur la
limaille de fer.
Le bruit des machines traverse le casque.

Le grand magasin
ferme. Les vendeuses
sortent vite par la porte de service.

Pendant le dîner,
les informations :
champ de décombres du tremblement de terre.

Gest(ur)e (extract)

They announce the
flight coming in
from Barcelona at gate thirty-two.

She's stretched out
on her back, on the grass.
She thinks she's falling watching the sky.

On the scaffolding
swayed by the wind
he's whistling away repainting the wall of the apartment building

A school bus
fell
into a ravine: 6 killed and 22 injured.

She has broken the
thermometer to
play with the globules of quicksilver.

He blows on the
iron filings.
The noise of the machines penetrates the helmet.

The department store
is closing. The sales clerks
are quickly leaving via the service door.

During dinner,
the news:
area of wreckage from the earthquake.

L'enfant se réveille
et il s'aperçoit
qu'une fois encore il a trempé son lit.

Elle dit bonsoir,
d'une voix très rauque
qui ressemble à un sanglot inexplicable.

Il reste deux heures
devant le flipper,
cramponné à l'appareil, les dents serrées.

Après le dîner,
c'est encore la
télé. Elle tricote en la regardant.

Il est accroupi
dans les escaliers,
et c'est écrit sur un carton qu'il a faim.

Elle ne l'a pas
entendu venir.
Tressaille en sentant la main sur son épaule.

Il met deux doigts sous
les aisselles du
nouveau-né pour le faire sortir du ventre.

La voiture, après
un tête-à-queue et
deux tonneaux, va se planter dans le talus.

Ils se tiennent par
le bras, et promènent
devant eux, en parlant, leur canne d'aveugles.

The child wakes up
and perceives
that once more he has wet his bed.

She says good evening,
in a very hoarse way
like someone sobbing inexplicably.

He remains two hours
in front of the pinball machine
clinging to it, teeth clenched.

After dinner,
it's television
again. She's knitting as she watches.

He's crouched
on the steps
and it's written on cardboard that he's hungry.

She didn't hear
him coming.
Starts as she feels his hand on her shoulder.

He places two fingers under
the newborn's
armpits to ease it from the womb.

The car, after
slewing around and
rolling over twice, lands on the slope.

They hold each other's
arms, and move
forward, as they are talking, their white canes.

Il met toujours un
bouquet de violettes
devant la photo de sa femme. Il est veuf.

La petite fille
se cache derrière
la porte et s'endort. On la trouve. On en rit.

Il ouvre les yeux,
ne reconnaît rien.
A tout oublié. Ne sait plus qu'un mot : oui.

Il fait nuit et froid.
Elle marche vite.
Derrière elle un pas d'homme insiste. Elle a peur.

Le père aime bien
sa fillette. Il aime
pincer les joues rebondies. Il lui fait mal.

Elle tourne la
cuillère de bois
dans la confiture, rouge translucide.

Le virage tue
ou blesse, bon an
mal an, sa vingtaine d'automobilistes.

Geste

He always puts a
bunch of violets
in front of his wife's picture. He's a widower.

The young girl
hides behind
the door and falls asleep. People find her. And laugh.

He opens his eyes,
recognizes nothing.
Has forgotten everything. Only remembers one word: Yes.

It's dark and cold.
She's walking quickly.
Behind her a man's footsteps still sound. She's afraid.

The father really loves
His little daughter. He likes
tweaking her chubby cheeks. He's hurting her.

She turns the
wooden spoon about
in the translucent red jam.

The curve kills
or injures, year in
year out, its score of drivers.

Gest(ur)e

Céline Zins

Adamah (extraits)

Paroles collées de boue, engluées de mots serpents qui
caressent et enveniment, se lovent autour de l'œil,
de l'oreille,
se rengorgent,
se pavanent,
usurpent le regard, la mort même

Ah silences orphelins

Errance de la dernière nuit
qui cherche encore un creux d'ombre
un battement d'ailes
une éclipse

*

J'ai tant voyagé par les siècles
qui jamais ne firent terre,
tant arpenté les couleurs, les langues,
les savoirs

et je n'ai vu nulle origine, nulle vérité,
hormis le chemin qui se fraie un regard
à mesure qu'il s'efface

*

Le vrai voyage est repaysement

*

Adamah (extracts)

Speech stuck with mud, limed with snake words
caressing and poisoning, coiled around the eye,
the ear,
swaggering,
strutting about,
usurping one's gaze, death even

Ah orphan silence

The last night's roaming
that seeks still a pocket of shadow
a flapping of wings
an eclipse

*

I have traveled so much through centuries
that never looked like earth,
surveyed so much colors, languages,
knowledge

and I have seen no origin, no truth,
except for the road carving out a gaze
as it fades away

*

The true journey is homecoming

*

Venir
    au jour
        par
           saignées de mémoire

*

Perdre les traces
pour trouver trace d'un sujet

Adamah

To come
> to the light of day
>> by
>>> bleeding the memory

*

Losing all track
to find trace of a subject

Adamah

L'arbre et la glycine (extraits)

Les paysages gardent le secret
des mots en moi ignorés

Je n'ai de voix que
par ce lieu d'ouverture

Ombilic du regard

*

Je suis un livre aux pages noires :
les traces y déposent des lettres de feu dont le doigt
suit l'empreinte dans la chair nocturne
signes, chiffres, incrustés dans la mémoire blanche
des inscriptions
encre pâle des cicatrices

parfois au creux des ombres jaillissent
des étoiles, des galaxies, des soleils

mais le livre ainsi labouré monte la garde
des pages noires
Cerbère au bord du Styx

*

Clairevoyance : regard qui plonge dans la nuit
à l'intérieur du jour. Sombrevoyance.

The Tree and the Wisteria (extracts)

Landscapes retain the secret
of words within me unknown

I have voice only
through this place of opening

Umbilicus of one's gaze

*

I am a black-paged book:
Spoors lay down within letters of fire, my finger
tracing their imprint upon night's flesh
signs, ciphers, encrusted in the white memory
of inscriptions
pallid ink of scars

sometimes in the hollow of shadows spurt forth
stars, galaxies, suns

but the book thus tilled stands guard
over its black pages
Cerberus on the banks of the Styx

*

Clear-seeing: a gaze that plunges into the night
within day. Dark-seeing.

Couteau de lumière noire déchirant l'opaque blancheur
des façades.
Regard blessé par sa propre voyance.

*

Je n'ai à offrir que l'aridité de ma quête
interminable
Le lieu n'est que l'extension illimitée de cette
quête.

L'autre est constant détour de parole,
renvoi à la nudité du silence :
Où se dresse le regard, le mot tranche les liens,
et peu sont capables de soutenir la lumière noire.

*

Il n'est pas de lumière hors du lieu de lumière

La source engendre la source
et l'eau va à l'eau
comme la terre à la terre
parle et renaît

Le ciel est en soi sa propre naissance

*

La parole ne rejoint ni ne représente :
rien qu'une onde porteuse
pour désigner l'écart

*

A knife of black light ripping through the opaque whiteness
of facades.
A gaze wounded by its own seeing.

*

I have to offer but the aridness of my endless
quest
Place is merely the unlimited extension
of this quest

The other is constant speech detour,
referral to the bareness of silence:
Where gaze stands erect, word cuts through the bonds
and few are able to withstand black light.

*

There is no light outside the place of light

The source engenders the source
and water goes to water
as the earth to the earth
speaks and is born again

The sky is in itself its own birth

*

Speech neither connects nor represents:
nothing but a buoyant wave
to point to separation

*

La source de vie est toujours souterraine
Son destin de jour est un hasard de lieu où le lieu est
destin en quête de son propre lieu d'être

Ainsi se scelle et se métamorphose le destin de
l'arbre et la glycine

L'Arbre et la glycine

The life source is always underground
Its daylight destiny is a contingency in which place is
destiny in quest of its own place of being

So is sealed and metamorphosed the destiny of
the tree and the wisteria

The Tree and the Wisteria

Index of Titles

Bio-bibliographical Notes

Albiach, Anne-Marie: Born in St. Nazaire, 1937. Studied in theater, resided periodically in Spain. Met Claude Royet-Journoud in 1961. Long stay in London. Death of father in 1977. Lives in Neuilly-sur-Seine. *Flammigère* (1967), *État* (1971), *Mezza Voce* (1984), *Anawratha* (1984), *"Figure vocative"* (1991).

Bancquart, Marie-Claire: Born 1932. Professor of contemporary French literature in Rouen, Nantes, Paris (Sorbonne). Books on poetry, surrealism, Maupassant, Anatole France. Married to Alain Bancquart, musician and composer. Poet and novelist. *Projets alternés* (1972), *Opportunité des oiseaux* (1986), *Végétales* (1988), *Sans lieu sinon l'attente* (1991), *Dans le feuilletage de la terre* (1994).

Baude, Jeannine: Born 1946. Studies at the Sorbonne. Member of editorial committee of *Sud*. Edited the correspondence of René Char and Jean Balland (1993). Two children. Lives in Marseille. *Sur le chemin du doute* (1972), *Ouessanes* (1989), *Parabole de l'Éolienne* (1990), *C'était un paysage* (1992), *Océan* (1995).

Borias, Denise: Born in Clermont-Ferrand, 1936. Teaches Italian. Traveled extensively in Europe, Egypt, India, China, South America, Indonesia. Lives in Saint-Rémy-lès-Chevreuse. *L'Amandier* (1967), *Le Temps nomade* (1978), *Arbres de vie* (1986), *Paroles de feuilles* (1991).

Broda, Martine: Born 1947. Researcher at CNRS, Paris, in fields of poetry and translation theory. Books on Jouve and Celan, whom she has also translated extensively. *Route à trois voix* (1976), *Tout ange est terrible* (1983), *Passage* (1985), *Ce recommencement* (1992), *Grand jour* (1994).

Cadou, Hélène: Born in Mesauer, 1922. Philosophical studies in Rennes and Nantes. Marriage to René Guy Cadou who died in 1951. Librarian in Orléans. Now lives in Nantes. *Trois poèmes* (1949), *L'Innominée* (1980), *Poèmes du temps retrouvé* (1985), *Demeures* (1988), *La Mémoire de l'eau* (1993).

Chedid, Andrée: Born in Cairo, 1920. Lebanese origins. Poet, dramatist, novelist, essayist. Has lived in Paris since 1946. *Poèmes pour un texte (1970–1991)* (1991), *Par-dèla les mots* (1995), *Théâtre II* (1993), *L'Enfant multiple* (1989).

De Burine, Claude: Born in Saint-Léger-des-Vignes, 1931. Taught in Casablanca. Lives between Paris and Vichy. *Prix Max Jacob, Prix Alfred de Musset, Prix Vildrac de la Société des gens de lettres.*

385

Lettres à l'enfance (1957), *Le Passeur* (1977), *Le Visiteur* (1991), *Le Passager* (1993), *L'Arbre aux oiseaux* (1996).

Dohollau, Heather: Born (Lloyd) in Treherbert, Wales, 1925. Studied fine arts in Paris, 1947–1948. Returned to London before marriage to Yves Dohollau, lived on the Ile de Bréhat, then in Saint Brieuc. Librarian. Seven children. Writes in French from late sixties. *Seule enfance* (1978), *L'Adret du jour* (1989), *Les Portes d'en bas* (1992), *Matière de lumière* (1985), *La Terre âgée* (1996).

Duras, Marguerite: 1914–1996. Née Donnadieu. Born in Gia Dinh, Saigon. Novelist, dramatist, poet, writer, beyond classification, cineast. *Les Impudents* (1943), *Des Journées entières dans les arbres* (1954), *Détruire, dit-elle* (1969), *Le Navire Night, Césarée, Les Mains négatives, Aurélia Steiner, Aurélia Steiner, Aurélia Steiner* (1979), *Les Yeux bleus cheveux noirs* (1986), *Le Monde Extérieur* (1993).

Étienne, Marie: Born c.1940. Has lived in Asia and Afria. Now resides in Paris. Collaborated with Antoine Vitez 1978–1988. Editorial committee of *La Quinzaine littéraire* since 1985. *Blanc clos* (1977), *Péage, Lettres d'Idumée* (1982), *Éloge de la rupture* (1991), *Katana* (1993).

Grangaud, Michelle: Born in Algiers, 1941. Lives in Paris. *Mémento-fragments* (1987), *Stations* (1990), *Geste* (1991), *Jours le jour* (1994).

Hàn, Françoise: Born in Paris, 1928. War years in Paris. Involved in social work, then in science

publishing. Two children. *Cité des hommes* (1956), *Le Réel le plus proche* (1981), *Même nos cicatrices* (1993), *Cherchant à dire l'absence* (1994), *Profondeur du champ de vol* (1994).

Helft, Claudine: Born in Paris, c. 1930. Poet and journalist-critic. Médaille de la Ville de Paris; member of L'Académie Mallarmé. One son. Death of husband, Léon Helft, aged forty-seven. Maintains literary salon. *L'Entre-deux* (1975), *Métamorphoses de l'ombre* (1985), *L'Infinitif du bleu* (1992), *Le Monopole de Dieu* (1996).

Herlin, Louise: Born in Cairo, 1925. Has lived in Brussels, Florence, London and New York. Literary studies in Florence and the Sorbonne. Translator with the BBC and UN. *Le Versant contraire* (1967), *Commune mesure* (1971), *L'Amour exact* (1990), *Les Oiseaux de Méryon* (1993).

Hyvrard, Jeanne: Born in Paris, 1945. Studied sociology and economics: ENS, technical education. Married, one daughter. 2 years in Martinique. Literary beginnings in 1974; travel to Canada, Chile, Uruguay. Lives in Paris. *Les Prunes de Cythère* (1975), *Le Silence et l'obscurité* (1982), *La Baisure, Que se partagent les eaux* (1985), *La Pensée corps* (1989), *La Jeune Morte en robe de dentelle* (1990).

Khoury-Ghata, Vénus: Born in Lebanon, 1939. Studies in literature. Moved to France in 1972. Four children. *Prix Apollinaire, Prix Mallarmé, Grand prix de poésie de la Société* des gens de lettres. Member of various litarary juries, including *Prix Québec-Paris*. Works for RFI. Twelve novels, eleven books of poetry, including *Monologue du mort* (1987), *Fables pour un peuple d'argile* (1993), *Mon anthologie* (1993).

Laffay, Claire: 1914–1995. Classical studies at the Sorbonne. Agrégation. War years in Rouen. Taught in Rouen, Morocco, Sceaux. Various literary prizes. Death by suicide. *Cette arche de péril* (1961), *Temporelles* (1974), *Miroir abîme* (1977), *Les Médiatrices* (1979), *L'Arbre fleuve* (1983).

Le Dantec, Denise: Born in Morlaix, 1939. Professor of philosophy, CNED, Vanves. Painter, art critic, and writer. *Métropole* (1970), *Les Fileuses d'étoupe* (1985), *Le Journal des roses* (1989), *Suite pour une enfance* (1993), *Emily Brontë* (1995).

Malroux, Claire: Born in Albi, 1935. Classical and English studies. Poet and translator (Elizabeth Bishop, Emily Brontë, Emily Dickinson, Edith Wharton, etc.). Used pseudonym Claire Sara Roux for first five titles. Lives in Paris. *A l'arbre blanc* (1968), *Les Orpailleurs* (1978), *Entre nous et la lumière* (1992).

Mansour, Joyce: 1928–1986. Born in England. Of Egyptian and French origin. Died in Paris. Involved for a time in surrealism. *Cris* (1953), *Les Damnations* (1966), *Ça* (1970), *Faire signe au machiniste* (1977), *Jasmin d'hiver* (1983), *Prose et poésie: œuvre complète* (1991).

Mitaud, Janine: Born in Dordogne region, 1921. Literary and sociological studies, Bordeaux. Teacher in the Dordogne, then in Paris. Married to poet Oleg Ibrahimoff; one daughter. *L'Échange des colères* (1965), *Livre-poème* (1979), *Suite baroque* (1983), *Poèmes cruels* (1988), *Pages* (1991).

Redonnet, Marie: Born 1948. Poet, novelist, and dramatist. *Le Mort et cie* (1985), *Doublures* (1986), *Silsie* (1990), *Nevermore* (1994), *Le Cirque Pandor, Fort Gambo* (1994).

Risset, Jacqueline: Born 1936. Professor of literature, Rome. Translator of Dante. Critical studies of Scève, Pleynet, Dante, Macchia. *Jeu* (1971), *La Traduction commence* (1976), *Sept passages de la vie d'une femme* (1985), *L'Amour de loin* (1988), *Petits éléments de physique amoureuse* (1992).

Supervielle, Silvia Baron: Born in Buenos Aires, 1934. Arrived in Paris in 1961. Initially wrote in Spanish. Translator of Borges, Pizarnik, Juarroz. Many titles include: *L'Eau étrangère* (1992), *Le Livre du retour* (1992), *La Frontière* (1995).

Tellermann, Esther: Born in Paris, 1947. Teaches literature. *Première apparition avec épaisseur* (1986), *Trois plans inhumains* (1989), *Distance de fuite* (1993), *Pangéia* (1996).

Teyssiéras, Anne: Born in Nantes, 1935. War years in Rouen. Literary studies. *Prix Thyde Monnier, Prix du Mandat des Poètes*. Lives in Paris. *Épervier ma solitude* (1966), *Le Pays d'où j'irai* (1977), *Les*

Clavicules de Minho (1986), *Le Chemin sous la mer* (1992), *Instants pour la seconde vie* (1994).

Zins, Céline: Born in 1937. Studied languages at the Sorbonne. A literary translator; *Grand prix* Halpérine-Kaminsky in 1990 for her work as a translator. Member of the jury for the *prix Nelly Sachs*. Lives in Paris. *Par l'alphabet noir* (1979), *Adamah* (1988), *L'Arbre et la glycine* (1992).

Acknowledgments

The editors gratefully acknowledge the permission of these writers and publishers to reprint the material in this book:

Anne-Marie Albiach:
La déperdition "de chance", Une barque brûle sur les remblais du port (originally published by Spectres Familiers), and Cette douceur (originally published by Fourbis).

Marie-Claire Bancquart:
Hors, Question, Opéra des limites (originally published by Corti), Lacet de syllabes . . . , Les murs sont travaillés . . . , (originally published by Les Cahiers du Confluent), Tacite, Terre, Sans lieu sinon l'attente (originally published by Obsidiane), Vers l'oracle, Viens, le dieu (extrait), and Jardinier (originally published by Belfond).

Jeannine Baude:
Cantique, suzerain . . . , Je ne me moque pas . . . , C'était l'éveil . . . , C'était l'arche . . . , Éclats de sel . . . , J'ai tant cherché . . . , La marche proférée . . . , Écrire . . . (originally published by Éditions Rougerie), Ar Korz, Cadoran, Kerc'here, Solitude, Mouvement salutaire . . . , Je n'ai jamais pris . . . , and La morsure vient . . . (originally published by Sud).

Denise Borias:
Terre limpide . . . , Peuplé d'îles . . . (originally published by Éditions Rougerie), Le pain, Le lit, L'escalier se tient . . . , Le lilas, La fraise, Utah Beach . . . (originally published by Chambelland), Les feuilles de novembre . . . , Extase . . . , Longs chemins d'écorce . . . , Spirale vive . . . , and Distance . . . (originally published by Éditions Rougerie).

Martine Broda:
Poésie avec la hache . . . , Je t'ai cherché . . . , Cette beauté brûlante . . . , Il n'a laissé . . . (originally published by Clivages), Lorsque ceux . . . , Ce recommencement . . . , Quand soudain . . . , and Rêve têtu . . . (originally published by Belin).

Hélène Cadou:
Dans la course . . . , Le corps est . . . , À coeur ouvert . . . , À la lisière . . . , and La grande clarté . . . (originally published by Éditions Rougerie).

389

Andrée Chedid:
Nous allons, Plus loin que tout l'imaginé, Épreuves de l'écrit, L'énigme—
Poésie, L'étendue vibre, Ivre de liberté, and Je me souviens (originally
published by Éditions Flammarion).

Claude de Burine:
Je me transformerai . . . (originally published by Saint-Germain-des-Prés),
Elle, Lettre à Espinouze, and Cendre (originally published by La Bartavelle).

Heather Dohollau:
Manzu', Peinture, Ce vide au cœur . . . , Comment perdre . . . , Il m'a
toujours semblé . . . , Vol immobile . . . , Grand paysage du midi, L'île d'amour,
J'écris pour voir . . . , Douceur de marcher . . . , Ici ce sont les couleurs . . . , and
Soies anciennes (originally published by Éditions Folle Avoine).

Marguerite Duras:
Césarée (originally published by Mercure de France).

Marie Étienne:
Comme cette femme . . . , La vérité . . . , Si peu sois-tu . . . , Poussée de
l'intérieur . . . , Une femme dit-on . . . , and Au nom de Dieu . . . (originally
published by Éditions Seghers), Les pieds saignaient . . . , Pour sculpter . . . ,
and Ils poussent . . . (originally published by Scandéditions).

Michelle Grangaud:
Geste (extrait) (originally published by Éditions P.O.L.).

François Hàn:
Compagnon, Rouge sombre . . . (originally published by Éditions
Rougerie), Le désordre autour . . . , Cherchant à dire . . . (originally published
by Éditions Jacques Brémond), Il n'y a pas de vol augural . . . , and Comme un
été qui ne finira pas (originally published by Éditions Rougerie).

Claudine Helft:
Nous nous assemblerons . . . , Il faudra s'arrêter . . . , Elle erre en cheveux
blancs . . . (originally published by Belfond), Question de Bleu . . . , and La
preuve (originally published by L'Age d'homme).

Louise Herlin:
Signes et stèles . . . (originally published by L'Age d'homme), Drames
enfouis . . . , L'arbre occupant . . . , La rue, and Vaches fidèles . . . (originally
published by La Différence).

Jeanne Hyvrard:
La baisure (extrait), Que se partagent encore les eaux (extrait) (originally
published by Des femmes), and Ton nom de végétal (extrait) (unpublished).

390 : ACKNOWLEDGMENTS

Vénus Khoury-Ghata:
Poète, Je reviens de toi . . . (originally published by Saint-Germain-des-Prés), Un jour après sa mort . . . (originally published by Belfond), Qui peut parler . . . (originally published by E.F.R.), La femme au milieu . . . , Tu sais que la montagne . . . , Tu as des esclaves pour moudre . . . , Salut Toltèque . . . (originally published by Belfond), and Ma mère s'aventurait . . . (originally published by Dar An-Nahar).

Claire Laffay:
Visage végétal . . . , Mes compagnons, mes frères . . . (originally published by Formes et Langages), and Visage blanc des lunaisons . . . (originally published by Saint-Germain-des-Prés), reprinted by permission of Annie Laffay Jeannet.

Denise Le Dantec:
Maigres, assises . . . , O les spasmes de l'automne . . . , O Saint Ange . . . , Passent les grands charrois d'automne . . . (originally published by Éditions Folle Avoine), and Opuscule d'Ouessant (originally published by Babel).

Claire Malroux:
Les mots pénètrent . . . , Jeux de la mer . . . , Baroque, and La très sainte bave (originally published by Éditions Rougerie).

Joyce Mansour:
Inventaire non exhaustif de l'indécent ou le nez de la méduse (originally published by Le Soleil Noir), Entre le rêve et la révolte la raison vacille (originally published by Daily-Bul), Jasmin d'hiver (extrait), and Flammes immobiles (extrait) (originally published by Fata Morgana).

Janine Mitaud:
Livre-poème (extrait) (originally published by Fanlac), La vie est un long meurtre . . . , Dans ce cosmos déficient . . . (originally published by Éditions Rougerie), Haute forêt, Art poétique (originally published by Fanlac), La poésie, Langages, and Venue de l'aube (originally published by Éditions Rougerie).

Marie Redonnet:
Le mort & cie (extrait), (originally published by Éditions P.O.L.).

Jacqueline Risset:
Énigme, Lettre brûlée, Paradisiaca xxxiii (originally published by Éditions Flammarion), L'amour de la poésie (extrait), Instant présent . . . , Odeur de fleur ce matin . . . , Aujourd'hui donc . . . , and Dansons dansons ici . . . (originally published by Éditions Gallimard).

Silvia Baron Supervielle:
Juste le temps . . . , Rends-moi . . . , Je ne sais plus comment . . . (originally published by Granit), En soufflant . . . , Je remue mon reflet . . . , Entre espace . . . , and N'appelle plus à soi . . . (originally published by Corti).

Esther Tellermann:
Je veux . . . , Concevoir l'Homme . . . , Crainte est . . . , L'Histoire . . . , Ce lieu peigné . . . , Marées dessous . . . , Le récit . . . , Attente comme . . . , Ville peinte . . . , Boutres et ports . . . , and Sur la cassure . . . (originally published by Éditions Flammarion).

Anne Teyssiéras:
Quand les eaux . . . , Émergeant des houles blanches . . . , La voix ne monte . . . , Dans cette nuit minérale . . . , Les clavicules de Minho (extraits), Mystère est la note . . . , and Absence . . . (originally published by Éditions Rougerie).

Céline Zins:
Adamah (extraits) and L'arbre et la glycine (extraits), (originally published by Éditions Gallimard).